Tusculum-Bücherei

SENECA

APOKOLOKYNTOSIS

Die Verkürbissung des Kaisers Claudius

LATEINISCH-DEUTSCH
übersetzt und herausgegeben von W. Schöne

ERNST HEIMERAN VERLAG MÜNCHEN

Titelvignette von Wolfgang Felten

1. Auflage. 1957/262

Druck: C. Brügel & Sohn, Ansbach – Binden: Gebhardt, Ansbach

INHALT

Quid actum sit in caelo ante diem III. idus 1, 1
Octobris anno novo, initio saeculi felicissimi,
volo memoriae tradere. nihil nec offensae nec
gratiae dabitur. haec ita vera.

Si quis quaesiverit unde sciam, primum, si no-
luero, non respondebo. quis coacturus est? ego
scio me liberum factum, ex quo suum diem obiit
ille, qui verum proverbium fecerat aut regem aut
fatuum nasci oportere.

Si libuerit respondere, dicam quod mihi in 2
buccam venerit. quis unquam ab historico iura-
tores exegit? tamen si necesse fuerit auctorem
producere, quaerito ab eo qui Drusillam euntem
in caelum vidit: idem Claudium vidisse se dicet
iter facientem

  'non passibus aequis'.
Velit nolit, necesse est illi omnia videre, quae in
caelo aguntur: Appiae viae curator est, qua scis
et divum Augustum et Tiberium Caesarem ad
deos isse. hunc si interrogaveris, soli narrabit: 3
coram pluribus nunquam verbum faciet. nam
ex quo in senatu iuravit se Drusillam vidisse caelum ascendentem et illi pro tam bono nuntio
nemo credidit, quod viderit, verbis conceptis
affirmavit se non indicaturum, etiam si in medio
foro hominem occisum vidisset.

Ab hoc ego quae tum audivi, certa clara affero,
ita illum salvum et felicem habeam.

Was im Himmel vor sich ging am 13. Oktober im neuen Kaiserjahre, zu Beginn der allerschönsten Zeit, das will ich zur Erinnerung berichten. Nichts soll mich dabei bestimmen, weder Haß noch Gunst. Es war wahrhaftig so, wie ich erzähle.

Fragt einer nach der Quelle meines Wissens, so werde ich zunächst, wenn mir's nicht paßt, gar keine Antwort geben. Wer will mich auch zwingen? Ich weiß ja doch, ich bin ein freier Mann geworden seit dem Tag, da jener aus der Welt ging, an dem das Sprichwort Wahrheit wurde: zum König oder zum Trottel müsse man *geboren* sein.

Gefällt mir's aber zu antworten, so will ich sagen, was mir gerade in den Schnabel kommt. Wer hat denn je von einem Historiker Zeugen zum Schwur gefordert? Ist's aber unvermeidlich, einen Bürgen anzuführen, dann mag man den fragen, der einst Drusilla zum Himmel fahren sah: der wird behaupten, er habe auch Claudius auf dieser Fahrt gesehen

„mit humpelnden Schritten".

Mag der wollen oder nicht, er muß doch alles merken, was im Himmel vor sich geht: er ist Aufseher der Via Appia, auf der bekanntlich auch der selige Augustus und Kaiser Tiberius zu den Göttern gingen. Nur unter vier Augen wird er freilich dir berichten, wenn du ihn fragst; sind mehrere dabei, läßt er kein Wort mehr hören. Denn seitdem er im Senate schwor, er habe Drusilla in den Himmel steigen sehen, und ihm zum Dank für diese Freudenbotschaft keine Seele glaubt, was er gesehen haben will — da hat er einen feierlichen Eid geleistet, nie wieder etwas anzuzeigen, auch dann nicht, wenn er mitten auf dem Forum einen totgeschlagenen Menschen fände.

Was ich von ihm damals vernommen, will ich klar und deutlich sagen, so wahr ich ihm Glück und Gesundheit wünsche.

iam Phoebus breviore via contraxerat orbem   2, 1
lucis et obscuri crescebant tempora somni,
iamque suum victrix augebat Cynthia regnum
et deformis hiems gratos spargebat honores
divitis autumni iussoque senescere Baccho
carpebat raras serus vindemitor uvas.

puto magis intellegi, si dixero: mensis erat Oc-   2
tober, dies III. idus Octobris. horam non possum
certam tibi dicere: facilius inter philosophos
quam inter horologia conveniet, tamen inter sex-
tam et septimam erat.

'Nimis rustice' inquies 'cum omnes poetae,   3
non contenti ortus et occasus describere, [ut
etiam medium diem inquietent, tu sic transibis
horam tam bonam?'

iam medium curru Phoebus diviserat orbem   4
et propior nocti fessas quatiebat habenas
obliquam flexo deducens tramite lucem:

Claudius animam agere coepit nec invenire exi-
tum poterat. tum Mercurius, qui semper ingenio   3, 1
eius delectatus esset, unam e tribus Parcis seducit
et ait: 'quid, femina crudelissima, hominem mi-
serum torqueri pateris? nec unquam tam diu
cruciatus cesset? annus sexagesimus quartus est,
ex quo cum anima luctatur. quid huic et rei pu-
blicae invides? patere mathematicos aliquando   2
verum dicere, qui illum, ex quo princeps factus
est, omnibus annis, omnibus mensibus efferunt.
et tamen non est mirum si errant et horam eius
nemo novit; nemo enim unquam illum natum
putavit. fac quod faciendum est:

Schon auf kürzerer Bahn zog Phoebus den Kreis seines Lichtes,
Und des finsteren Schlafgotts Stunden waren im Wachsen,
Schon auch mehrte sich Cynthias Reich in siegendem Zuge,
Und es verstreute der häßliche Winter des üppigen Herbstes
Lieblichen Schmuck, und spät erst pflückte der Winzer —
                                    von Bacchus
Größeres Reifen fordernd — die spärlichen Früchte der Reben.

Ich glaube, besser versteht man mich, wenn ich sage: Monat war der Oktober, Tag der dreizehnte Oktober. Die
Stunde kann ich dir nicht genau angeben: eher werden noch
die Philosophen übereinstimmen als die Uhren; doch es war
so zwischen Zwölf und Eins.
    „Allzu plump!" wird man mir sagen. „Wo doch alle Dich-
ter, nicht damit zufrieden, Sonnenauf- und Untergänge zu
preisen, auch noch die Mitte des Tages behelligen, da willst
du über eine so gesegnete Stunde nur so weggehen?" Nun
gut:

Schon war über die Mitte der Kreisbahn Phoebus gefahren,
Und er schüttelte, näher der Nacht, die schlafferen Zügel,
Führte auf schrägem Pfade die Sonne seitwärts hinunter:

da begann Claudius seine Seele auf den Weg zu bringen,
doch er konnte keinen Ausgang finden. Merkur aber, der ja
schon immer am Talent des Mannes Wohlgefallen fand,
nahm eine der drei Parzen beiseite und sagte: „Was läßt
du den armen Menschen so leiden, grausames Weib? Soll er,
der sich so lange schindet, nie zur Ruhe kommen? Vierundsechzig Jahre sind es schon, seit er mit seiner Seele ringt!
Was bist du ihm und seinem Staat so gram? Laß doch die
Astrologen endlich einmal Recht behalten, die jedes Jahr
und jeden Monat ihn zu Grabe tragen, seitdem er Kaiser
ward! Und doch ist es kein Wunder, wenn sie irren und niemand seine Stunde kennt; den hat ja noch kein Mensch als
fertig geboren angesehen. Tu, was du tun mußt:

9

"dede neci, melior vacua sine regnet in aula."
sed Clotho 'ego mehercules' inquit 'pusillum tem- ₃
poris adicere illi volebam, dum hos pauculos, qui
supersunt, civitate donaret' — constituerat enim
omnes Graecos, Gallos, Hispanos, Britannos to-
gatos videre — 'sed quoniam placet aliquos pere-
grinos in semen relinqui et tu ita iubes fieri, fiat'.

Aperit tum capsulam et tres fusos profert: unus ₄
erat Augurini, alter Babae, tertius Claudii. 'hos'
inquit 'tres uno anno exiguis intervallis tempo-
rum divisos mori iubebo, ne illum incomitatum
dimittam. non oportet enim eum, qui modo se tot
milia hominum sequentia videbat, tot praeceden-
tia, tot circumfusa, subito solum destitui. con-
tentus erit his interim convictoribus.'

    haec ait et turpi convolvens stamina fuso   4, ₁
    abrupit stolidae regalia tempora vitae.
    at Lachesis redimita comas, ornata capillos,
    Pieria crinem lauro frontemque coronans
    candida de niveo subtemina vellere sumit
    felici moderanda manu, quae ducta colorem
    assumpsere novum. mirantur pensa sorores:
    mutatur vilis pretioso lana metallo,
    aurea formoso descendunt saecula filo.
    nec modus est illis, felicia vellera ducunt
    et gaudent implere manus, sunt dulcia pensa.
    sponte sua festinat opus nulloque labore
    mollia contorto descendunt stamina fuso.
    vincunt Tithoni, vincunt et Nestoris annos.
    Phoebus adest cantuque iuvat gaudetque futu-
                                  ris

„Gib ihn dem Tod, ein Besserer herrsche im weiten Palaste."
Doch Clotho meinte: „Ich hatte weiß Gott die Absicht, ihm
ein klein bißchen Zeit zuzulegen, bis er die paar Leute, die
noch übrig sind, mit dem Bürgerrecht beschenkte (denn er
hatte beschlossen, alle Griechen, Gallier, Spanier und Britannier miteinander in der Toga zu sehen); aber da man
einige Fremde noch als Samen übriglassen möchte und du es
so haben willst, so mag's geschehen."
Drauf öffnet sie eine Kapsel und nimmt drei Spindeln hervor: die eine gehörte Augurinus, die zweite Baba, die dritte
Claudius. „Die drei Leute", sagte sie, „will ich in einem Jahr
in kurzem Abstand nacheinander sterben lassen; denn nicht
ungeleitet soll er ziehen. Wer eben noch so viele tausend
Menschen hinter sich herlaufen, so viele vorangehen, so viele
um sich herumdrängen sah, der darf doch nicht auf einmal
ganz allein gelassen werden. Mit der Gesellschaft mag er sich
zunächst zufrieden geben!"

Sprach's. Und zusammenrollend auf häßlicher Spindel die
Fäden
Schneidet sie ab die Tage des törichten Herrscherlebens.
Lachesis aber, ihr üppiges Haar mit Kränzen umwunden,
Locken und Stirn umrankt vom Geflecht piërischen Lorbeers,
Nimmt hellglänzende Fäden aus schneeig schimmernder
Wolle,
Spinnend mit glücklicher Hand; sie wechseln gesponnen die
Farbe,
Und ihr Werk bewundern erfreut die göttlichen Schwestern:
Denn in edles Metall verwandelt sich ärmliche Wolle,
Goldene Zeiten treten hervor aus schönem Gespinste.
Und sie kennen kein Maß; sie ziehen glückliche Fäden,
Freun sich, die Hände zu füllen, und süß ist ihnen die Arbeit.
Wie von selber eilet das Werk, und mühelos gleiten
Weich die Fäden herab von eifrig rollender Spindel.
Jahre spinnen sie mehr als Nestor lebt und Tithonus.
Phoebus ist da; er beglückt mit Gesang und freut sich der Zu-
kunft,

et laetus nunc plectra movet nunc pensa mi-
                                      nistrat.
detinet intentas cantu fallitque laborem.
dumque nimis citharam fraternaque carmina
                                      laudant,
plus solito nevere manus humanaque fata
laudatum transcendit opus. 'ne demite, Parcae'
Phoebus ait 'vincat mortalis tempora vitae
ille mihi similis vultu similisque decore
nec cantu nec voce minor. felicia lassis
saecula praestabit legumque silentia rumpet.
qualis discutiens fugientia Lucifer astra
aut qualis surgit redeuntibus Hesperus astris,
qualis cum primum tenebris Aurora solutis
induxit rubicunda diem, Sol aspicit orbem
lucidus et primos a carcere concitat axes:
talis Caesar adest, talem iam Roma Neronem
aspiciet. flagrat nitidus fulgore remisso
vultus et adfuso cervix formosa capillo.'

Haec Apollo. at Lachesis, quae et ipsa homini 2
formosissimo faveret, fecit plena manu et Neroni
multos annos de suo donat. Claudium autem
iubent omnes

   χαίροντες, εὐφημοῦντες ἐκπέμπειν δόμων.
et ille quidem animam ebulliit, et ex eo desiit vi-
vere videri. expiravit autem dum comoedos audit,
ut scias me non sine causa illos timere.

Ultima vox eius haec inter homines audita est, 3
cum maiorem sonitum emisisset illa parte, qua
facilius loquebatur: 'vae me, puto, concacavi me'.
quod an fecerit, nescio: omnia certe concacavit.

Fröhlich schlägt er die Laute und weist den Parzen die Arbeit,
Hält sie mit Singen am Werk und täuscht sie über die Mühe.
Während sie preisend rühmen das Spiel und die Lieder des
                                                      Bruders,
Spinnen sie weiter als sonst, und über menschliches Maß hin
Geht das gepriesene Werk. „O macht kein Ende, ihr Parzen",
So singt Phoebus, „er soll das Maß des irdischen Daseins
Stolz besiegen, mir ähnlich im Antlitz, ähnlich an Schönheit,
Und nicht schlechter beim Klange des Lieds. Glückselige
                                                      Zeiten
Wird er den Schwachen bringen und brechen das Schweigen
                                                des Rechtes.
Gleichwie Lucifers Strahl die fliehenden Sterne verscheuchet,
Oder wie Hesperus steigt beim Wiederkehren der Sterne,
Gleichwie Helios — wenn das Dunkel lösend Aurora
Purpurrot den Tag heraufführt — leuchtend die Erde
Anschaut und das frische Gespann aus den Schranken her-
                                                vorlenkt:
Solch ein Kaiser ist da, so wird jetzt Rom seinen *Nero*
Schauen! Es leuchtet der strahlende Blick in milderem Glanze,
Und das üppige Haar umwallt den stattlichen Nacken!"

So sang Apollo. Lachesis aber, dem herrlichen Menschen
selbst von Herzen wohlgesinnt, spendete mit voller Hand
und gab dem Nero von sich aus noch viele Jahre zu. Den
Claudius dagegen hießen sie alle

            „voll Glück und Freude aus dem Haus geleiten."
Der sprudelte die Seele aus, und damit war sein Scheindasein
zu Ende. Beim letzten Atemzuge hört' er Komödianten an,
— so kannst du sehen, daß ich mich nicht ohne Grund vor
solchen Leuten fürchte.

Wie klang das letzte Wort, das man bei Menschen von
ihm hörte? Erst hatte er mit dem Organ, mit dem er leichter
sich zu äußern wußte, einen kräftigen Ton von sich gegeben;
dann: „Wehe mir, ich glaube, ich habe mich beschissen."
Ob er das wirklich machte, weiß ich nicht; nur eins ist sicher:
alles hat er beschissen.

Quae in terris postea sint acta, supervacuum est 5, 1
referre. scitis enim optime, nec periculum est ne
excidant quae memoriae gaudium publicum im-
presserit: nemo felicitatis suae obliviscitur. in caelo
quae acta sint, audite: fides penes auctorem erit.

Nuntiatur Iovi venisse quendam bonae sta- 2
turae, bene canum; nescio quid illum minari, as-
sidue enim caput movere; pedem dextrum tra-
here. quaesisse se, cuius nationis esset: respondisse
nescio quid perturbato sono et voce confusa; non
intellegere se linguam eius, nec Graecum esse nec
Romanum nec ullius gentis notae.

Tum Iuppiter Herculem, qui totum orbem ter- 3
rarum pererraverat et nosse videbatur omnes na-
tiones, iubet ire et explorare, quorum hominum
esset. tum Hercules primo aspectu sane pertur-
batus est, ut qui etiam non omnia monstra timu-
erit. ut vidit novi generis faciem, insolitum inces-
sum, vocem nullius terrestris animalis sed qualis
esse marinis beluis solet, raucam et implicatam,
putavit sibi tertium decimum laborem venisse.
diligentius intuenti visus est quasi homo. accessit 4
itaque et quod facillimum fuit Graeculo, ait:
τίς πόθεν εἰς ἀνδρῶν, πόθι τοι πόλις ἠδὲ τοκῆες;
Claudius gaudet esse illic philologos homines,
sperat futurum aliquem historiis suis locum. itaque et ipse Homerico versu Caesarem se esse si-
gnificans ait:
Ἰλιόθεν με φέρων ἄνεμος Κικόνεσσι πέλασσεν.
erat autem sequens versus verior, [aeque Homeri-
cus]:

Was dann auf Erden weiter vor sich ging, brauche ich nicht zu schildern. Ihr wißt es ja am besten; und keine Sorge — niemals geht verloren, was der allgemeine Jubel dem Gedächtnis eingeprägt hat; kein Mensch vergißt ja, was ihm Freude bringt. Doch was im Himmel vor sich ging, laßt euch berichten. Die Verantwortung dafür muß meine Quelle tragen.

Dem Jupiter wird gemeldet: gekommen sei ein Mann, nicht schlecht gewachsen, Haare ziemlich grau; Gott weiß was für Drohungen stoße er aus, schüttle immerwährend mit dem Kopfe, schleppe auch das rechte Bein. Man habe gefragt, was für ein Landsmann er sei; der habe irgendwas erwidert, mit undeutlichem Klang und verdrehten Worten; man könne seine Sprache nicht verstehen, er sei kein Grieche und kein Römer, auch nicht aus einem anderen uns bekannten Volke.

Da befiehlt Jupiter dem Herkules, loszugehen und zu erkunden, was für ein Mensch der Fremde sei; der hatte ja die ganze Welt durchwandert und kannte, wie man glaubte, alle Nationen. Doch Herkules kam beim ersten Anblick völlig aus der Fassung, als habe auch er noch nicht alle Ungeheuer fürchten müssen: wie er die unerklärliche Erscheinung sieht und den ungewohnten Gang, wie er die Stimme hört, die nicht Erdenwesen, sondern meist nur Seeungeheuer haben, so dumpf und verworren, da meinte er, nun sei seine dreizehnte Arbeit gekommen. Wie er aber genauer hinsah, schien es ihm doch so etwas wie ein Mensch zu sein. Er ging also auf ihn zu und fragte (was für so einen Griechen ja ganz leicht war):

„Wer, wes Volkes bist du? wo sind deine Heimat und Eltern?"

Claudius freut sich, daß es dort auch Philologen gibt, und hofft, er könne gleich für seine historischen Werke ein Plätzchen finden. Darum antwortet er auch mit einem Homervers und gibt zu verstehen, er sei der Kaiser:

„Gleich von Ilion trug mich der Wind zur Stadt der Kikonen."

Richtiger wäre aber der nächste Vers gewesen, gleichfalls aus Homer:

ἔνθα δ᾽ ἐγὼ πόλιν ἔπραθον, ὤλεσα δ᾽ αὐτούς.

et imposuerat Herculi minime vafro, nisi fuisset 6, 1
illic Febris, quae fano suo relicto sola cum illo
venerat: ceteros omnes deos Romae reliquerat.
'iste' inquit 'mera mendacia narrat. ego tibi dico,
quae cum illo tot annis vixi: Luguduni natus est,
Planci municipem vides. quod tibi narro, ad sex-
tum decimum lapidem natus est a Vienna, Gallus germanus. itaque quod Gallum facere oporte-
bat, Romam cepit. hunc ego tibi recipio Luguduni natum, ubi Licinus multis annis regnavit.
tu autem, qui plura loca calcasti quam ullus mu-
lio perpetuarius Lugudunensis, scire debes multa
milia inter Xanthum et Rhodanum interesse'.

Excandescit hoc loco Claudius et quanto pot- 2
est murmure irascitur. quid diceret, nemo intellegebat. ille autem Febrim duci iubebat illo gestu
solutae manus et ad hoc unum satis firmae, quo
decollare homines solebat. iusserat illi collum
praecidi. putares omnes illius esse libertos: adeo
illum nemo curabat.

Tum Hercules 'audi me' inquit 'tu desine fa- 7, 1
tuari. venisti huc, ubi mures ferrum rodunt. citius mihi verum, ne tibi alogias excutiam'. et quo
terribilior esset, tragicus fit et ait:

'exprome propere, sede qua genitus cluas, 2
hoc ne peremptus stipite ad terram accidas;
haec clava reges saepe mactavit feros.
quid nunc profatu vocis incerto sonas?
quae patria, quae gens mobile eduxit caput?
edissere. equidem regna tergemini petens

„... dort verheert' ich die Stadt und würgte die Männer."
Und er hätte dem Herkules, mit dessen Schlauheit es ja nicht
weit her ist, gewiß was aufgebunden, wäre nicht die Fiebergöttin dabei gewesen, die ihren Tempel verlassen hatte und
ganz allein mit ihm gekommen war: die anderen Götter hatte er alle in Rom zurückgelassen. „Der Kerl da erzählt lauter Lügen", sagte sie. „Ich habe doch so viele Jahre mit ihm
gelebt und versichere dir: in Lyon ist er geboren, einen Mitbürger des Plancus siehst du vor dir. Wie ich dir sage: sech-
zehn Meilensteine von Vienne ist er geboren, ein echter Gallier. Darum hat er auch getan, was ein Gallier nicht lassen
konnte: Rom hat er eingenommen. Ich versichere dir, in
Lyon ist er geboren, wo Licinus viele Jahre herrschte. Du
aber — du hast dich an mehr Orten herumgetrieben als
irgendein Maultiertreiber von Profession, der in Lyon zu
Hause — du mußt doch wissen, daß zwischen Xanthos und
Rhone viele tausend Meilen liegen."
Da wurde Claudius mächtig wütend und brummte in seinem Zorn, so gut es gehen mochte. Was er eigentlich sagte,
verstand kein Mensch. Er forderte die Abführung der Fiebergöttin mit der bekannten Geste seiner Hand; die war zwar
zittrig, aber doch noch stark genug zu diesem einen Winke,
mit dem er Menschen hinzurichten pflegte. Er hatte verlangt, man solle ihr den Hals abschneiden. Doch konnte man
meinen, es seien lauter Freigelassene von ihm zugegen, denn
auch nicht eine Seele kümmerte sich um ihn.
Da sagte Herkules: „Du, hör mal, laß doch endlich das
alberne Geschwätz! Du bist an einen Ort gekommen, wo die
Mäuse Eisen fressen! Sag' mir jetzt gleich die Wahrheit,
sonst treib' ich dir die tollen Possen aus!" Und um noch
schrecklicher zu sein, spielt er den Tragiker und deklamiert:
„Laß schleunigst hören, wo du dich geboren rühmst,
Auf daß du nicht durch diesen Pfahl zur Erde sinkst!
Die Keule da traf manchen trotzigen König schon!
Was brummst du uns in ungewissen Tönen vor?
Welch Land, welch Volk gebar uns denn dies Wackelhaupt?
Sag's an. Auf meinem Zug ins weitentlegne Reich

longinqua regis, unde ab Hesperio mari
Inachiam ad urbem nobile advexi pecus,
vidi duobus imminens fluviis iugum,
quod Phoebus ortu semper obverso videt,
ubi Rhodanus ingens amne praerapido fluit
Ararque dubitans, quo suos cursus agat,
tacitus quietis adluit ripas vadis.
estne illa tellus spiritus altrix tui?'
haec satis animose et fortiter, nihilo minus men- 3
tis suae non est et timet μωροῦ πληγήν.

Claudius ut vidit virum valentem, oblitus nu-
garum intellexit neminem Romae sibi parem fu-
isse, illic non habere se idem gratiae: gallum in
suo sterquilino plurimum posse. itaque quantum 4
intellegi potuit, haec visus est dicere:

'Ego te, fortissime deorum Hercule, speravi
mihi adfuturum apud alios, et si qui a me notorem
petisset, te fui nominaturus, qui me optime nosti.
nam si memoria repetis, ego eram qui Tiburi ante
templum tuum ius dicebam totis diebus mense
Iulio et Augusto. tu scis, quantum illic miseria- 5
rum tulerim, cum causidicos audirem diem et
noctem, in quos si incidisses, valde fortis licet
tibi videaris, maluisses cloacas Augeae purgare:
multo plus ego stercoris exhausi. sed quoniam
volo' . . .

'Non mirum quod in curiam impetum fecisti: 8, 1
nihil tibi clausi est. modo dic nobis, qualem deum
istum fieri velis. Ἐπικούρειος θεός non potest esse:
οὔτε αὐτὸς πρᾶγμα ἔχει οὔτε ἄλλοις παρέχει;
Stoicus? quomodo potest "rotundus" esse, ut ait

Des dreigestaltigen Königs, als vom Westmeer aus
Ich dann zu Inachos' Stadt die stolze Herde trieb,
Da sah ich über zweier Flüsse Lauf den Berg,
Den Phoebus stets beim Aufgehn gegenüber schaut,
Wo reißend schnell der Strom der mächtigen Rhone rauscht
Und wo die Saône zögernd ihre Bahn sich wählt
Und still mit sanfter Flut der Ufer Rand bespült.
Ist dieses Land denn nicht die Amme deines Geists?"

So sprach er einigermaßen herzhaft und entschlossen; trotz
alledem ist ihm nicht ganz geheuer, und er fürchtet „des
Narren Streich".

Wie Claudius den starken Mann sah, da vergaß er alle
Dummheiten, und er begriff, in Rom sei ihm zwar keiner
gleich gewesen, hier aber habe er nicht soviel zu sagen: ein
Hahn sei eben nur auf *seinem* Misthaufen der König. Soweit
man es verstehen konnte, schien er sich so zu äußern:

„Ich hoffte, Herkules, du tapferster aller Götter, du wür-
dest bei den anderen mir Beistand leisten, und wenn man
einen Bürgen von mir verlangte, wollte ich dich nennen, wo
du mich doch am besten kennst. Denn wenn du dich erin-
nern willst: ich war es doch, der einst in Tibur vor deinem
Tempel ganze Tage lang im Juli und August Recht sprach.
Du weißt, wieviel Plage ich da ausgestanden habe, als ich
die Advokaten anhören mußte bei Tag und bei Nacht; wä-
rest du unter sie geraten, du hättest doch viel lieber die
Kloaken des Augias reingefegt, magst du dir auch noch so
heldenhaft erscheinen: viel mehr Mist mußte ich hinauskar-
ren. Da ich aber jetzt die Absicht habe . . .[1].

„Kein Wunder, daß du in unser Rathaus hereinstürmtest:
vor dir gibt es ja weder Schloß noch Riegel. Nun sag' uns
nur, was für einen Gott du aus dem Kerl da machen willst?
,Ein epikureischer Gott' kann er nicht werden: ,der hat ja
weder selbst etwas zu leisten noch gibt er anderen etwas zu
tun.' Lieber ein stoischer? Doch wie könnte er — um mit

[1] Lücke im überlieferten Text; über den Inhalt s. S. 58 Bei Wiederbeginn
des Textes spricht einer der Götter zu Herkules, der von Claudius schließlich
gewonnen ist und ihn in den Himmel zur *Götterversammlung* geführt hat.

Varro "sine capite, sine praeputio"? est aliquid
in illo Stoici dei, iam video: nec cor nec caput
habet. si mehercules a Saturno petisset hoc bene- 2
ficium, cuius mensem toto anno celebravit Saturnalicius princeps, non tulisset illud, nedum ab
Iove, quem, quantum quidem in illo fuit, dam-
navit incesti. Silanum enim generum suum occidit
propterea quod sororem suam, festivissimam omnium puellarum, quam omnes Venerem vocarent,
maluit Iunonem vocare. "quare" inquit "quaero 3
enim, sororem suam?" stulte, stude: Athenis dimi-
dium licet, Alexandriae totum. "quia Romae" inquis "mures molas lingunt". hic nobis curva cor-
riget? quid in cubiculo suo faciant, nescit, et iam
            "caeli scrutatur plagas"?
deus fieri vult: parum est quod templum in Bri-
tannia habet, quod hunc barbari colunt et ut
deum orant
            μωροῦ εὐιλάτου τυχεῖν?"
Tandem Iovi venit in mentem, privatis intra 9, 1
curiam morantibus sententiam dicere non licere
nec disputare. 'ego' inquit 'p. c. interrogare vobis
permiseram, vos mera mapalia fecistis. volo ut
servetis disciplinam curiae. hic qualiscunque est,
quid de nobis existimabit?'
Illo dimisso primus interrogatur sententiam 2
Ianus pater. is designatus erat in kal. Iulias post-
meridianus consul, homo quantumvis vafer, qui
semper videt
            ἅμα πρόσσω καὶ ὀπίσσω.
is multa diserte, quod in foro vivebat, dixit, quae

Varro zu reden — ‚kugelrund sein, ohne Kopf und ohne Vorhaut?' Und doch hat er etwas von einem stoischen Gotte an sich, ich sehe es schon: er hat weder Herz noch Kopf. Und sicher, wenn er Saturn um diese Gnade der Vergötterung gebeten hätte, dessen Monat er das ganze Jahr hindurch als Saturnalienprinz zu feiern pflegte, er hätte es nicht erreicht, ja nicht einmal von Jupiter, den er doch, soviel an ihm lag, der Blutschande beschuldigte. Denn seinen Schwiegersohn Silanus ließ er hinrichten; und weshalb? weil er seine Schwester, ein allerliebstes Mädchen, das alle eine Venus nannten, lieber seine Juno nennen wollte. „Warum auch grade seine Schwester?", wird er sagen, „das möchte ich gern wissen." Bedenke doch, du Dummkopf: in Athen ist's halb erlaubt, in Alexandria ganz. „Weil in Rom", sagst du, „die Mäuse die Mühlsteine lecken", deshalb wird der uns das Krumme gerade machen? Was man in seinem Schlafzimmer treibt, das weiß er nicht einmal, und jetzt

„durchsucht er schon des Himmels Winkel?"

Ein Gott will er werden: ist's ihm zu wenig, daß er in Britannien einen Tempel hat, daß die Barbaren ihn verehren und wie einen Gott anbeten, um

„eines Trottels Gnade zu erlangen?"

Endlich fiel es Jupiter ein, es sei eigentlich nicht möglich zu verhandeln und abzustimmen, solange Privatleute im Rathaus wären. „Ich hatte euch erlaubt, ihr Senatoren", so rief er, „bloß Fragen zu stellen, ihr aber benehmt euch ja wahrhaftig wie die Wilden! Ich wünsche, ihr sollt die Geschäftsordnung des Rathauses beachten. Sei der Kerl dort auch noch so erbärmlich, was soll er denn von uns denken?"

Also muß Claudius den Saal verlassen, und als ersten fragt man Vater Janus um die Meinung. Der war gerade für den ersten Juli zum Nachmittagskonsul bestimmt, ein mächtig schlauer Kerl, der immer

„vorwärts schauet zugleich und auch rückwärts".

Der hielt nun — wie ein Mann, der immer auf dem Forum

notarius persequi non potuit, et ideo non refero,
ne aliis verbis ponam, quae ab illo dicta sunt.
multa dixit de magnitudine deorum: non debere 3
hunc vulgo dari honorem. 'olim' inquit 'magna
res erat deum fieri: iam fabam mimum fecistis.
itaque ne videar in personam, non in rem dicere
sententiam, censeo ne quis post hunc diem deus
fiat ex his, qui

    ἀρούρης καρπὸν ἔδουσιν
[aut ex his, quos alit

    ζείδωρος ἄρουρα].
Qui contra hoc senatus consultum deus factus,
dictus pictusve erit, eum dedi Laruis et pro-
ximo munere inter novos auctoratos ferulis va-
pulare placet.'

Proximus interrogatur sententiam Diespiter 4
Vicae Potae filius, et ipse designatus consul, num-
mulariolus: hoc quaestu se sustinebat, vendere
civitatulas solebat. ad hunc belle accessit Hercules et auriculam illi tetigit. censet itaque in haec
verba:

'Cum divus Claudius et divum Augustum san- 5
guine contingat nec minus divam Augustam
aviam suam, quam ipse deam esse iussit, longe-
que omnes mortales sapientia antecellat sitque
e re publica esse aliquem qui cum Romulo possit
      "ferventia rapa vorare":
censeo uti divus Claudius ex hac die deus sit,
ita uti ante eum qui optimo iure factus sit,
eamque rem ad metamorphosis Ovidi adicien-
dam'.

lebte — eine lange und verschmitzte Rede, so daß der Schreiber ihm nicht folgen konnte; und deshalb führe ich nichts an, um nicht mit andern Worten herzusetzen, was er vorgetragen. Viel Worte machte er von der Erhabenheit der Götter: so eine Ehre dürfe man nicht aller Welt hinwerfen. „Einst", sagte er, „war's eine feine Sache, Gott zu werden, doch ihr habt jetzt das reine Affentheater draus gemacht. Es soll nicht so aussehen, als spräche ich persönlich und nicht sachlich, darum stelle ich den Antrag: Keiner soll von heute an ein Gott werden von denen, die

„genießen die Früchte des Feldes"

oder von denen, die ernährt

„die getreidespendende Erde."

Wer diesem Senatsbeschluß zuwider zum Gott gemacht, gewählt oder gemalt wird, der soll den Furien übergeben und bei den nächsten Spielen unter den neugeworbenen Gladiatoren mit Ruten geschlagen werden."

Als nächster wird um seine Meinung gefragt Diespiter, der Vica Pota Sohn, auch er zum Konsul bestimmt, ein kleiner Winkelbankier: er lebte vom Profit, trieb einen schwunghaften Handel mit Bürgerrechten. An den machte sich Herkules freundlich heran und zupfte ihn am Ohrläppchen. Daher gab er seine Stimme in diesem Wortlaut ab:

„Da der göttliche Claudius in Blutsverwandtschaft steht mit dem göttlichen Augustus und nicht minder mit der göttlichen Augusta, seiner Frau Großmutter, die er selber machen ließ zu einer Göttin, und da er alle Menschen weit übertrifft an Gescheitheit, und da es auch im Interesse des Staates liegen möchte, wenn einer da ist, der mit Romulus könnte

„glühheiße Rüben verschlucken",

so stelle ich den Antrag, der selige Claudius möchte vom heutigen Tage an ein Gott sein so gut wie jemand, der es vor ihm mit schönstem Rechte wurde, und die Verfügung möchte eingetragen werden in Ovids Metamorphosen."

Variae erant sententiae, et videbatur Clau- 6
dius [sententiam] vincere. Hercules enim, qui vi-
deret ferrum suum in igne esse, modo huc modo
illuc cursabat et aiebat: 'noli mihi invidere, mea
res agitur; deinde tu si quid volueris, in vicem
faciam: manus manum lavat'.

Tunc divus Augustus surrexit sententiae suo 10, 1
loco dicendae et summa facundia disseruit:

'Ego' inquit 'p. c. vos testes habeo, ex quo deus
factus sum, nullum me verbum fecisse: semper me-
um negotium ago. sed non possum amplius dissi-
mulare et dolorem, quem graviorem pudor facit,
continere. in hoc terra marique pacem peperi? 2
ideo civilia bella compescui? ideo legibus urbem
fundavi, operibus ornavi, ut — quid dicam p. c.
non invenio: omnia infra indignationem verba
sunt. confugiendum est itaque ad Messalae Cor-
vini, disertissimi viri, illam sententiam: "pudet
imperii". hic, p. c. qui vobis non posse videtur 3
muscam excitare, tam facile homines occidebat,
quam canis adsidit. sed quid ego de tot ac tali-
bus viris dicam? non vacat deflere publicas cla-
des intuenti domestica mala. itaque illa omittam,
haec referam; nam etiam si soror mea [Graece]
nescit, ego scio: ἔγγιον γόνυ κνήμης.

Iste quem videtis, per tot annos sub meo no- 4
mine latens, hanc mihi gratiam rettulit, ut duas
Iulias proneptes meas occideret, alteram ferro,
alteram fame; unum abnepotem L. Silanum, vi-
deris Iuppiter an in causa mala, certe in tua, si
aecus futurus es.

Die Stimmen waren geteilt, und es schien so, als solle Claudius siegen. Herkules sah doch, wie sein Eisen im Feuer war, und so lief er bald hierhin, bald dorthin und sagte: „Sei mir nur nicht mißgünstig, um meine Sache geht's! Ein andermal, wenn du was haben willst, werd' ich dir auch den Gefallen tun: eine Hand wäscht die andere!"

Da erhob sich der göttliche Augustus, um von seinem Platz aus seine Stimme abzugeben, und mit meisterhafter Redekunst sprach er sich aus:

„Ich rufe euch zu Zeugen, Senatoren: seitdem ich Gott geworden, hab' ich noch kein Wort geredet; immer gehe ich nur meinen Sachen nach. Aber länger kann ich mich nun nicht verstellen und den Schmerz bezwingen, den mein Ehrgefühl noch steigert. Dazu also habe ich Frieden gestiftet zu Wasser und zu Lande? dazu die Bürgerkriege einst beschwichtigt? dazu auf Gesetze meine Stadt begründet, sie mit Prachtbauten geschmückt, um — — nein, ich finde keine Worte, Senatoren, alle sind zu schwach für mein Entsetzen. Meine letzte Ausflucht ist das Wort des Messala Corvinus, unsres großen Redners: „Eine Schmach mit der Regierung!" Der Mann hier, Senatoren, der — so scheint's euch — keine Fliege scheuchen konnte, pflegte Menschen hinzumorden so leicht wie ein Hund das Bein hebt. Doch was soll ich von so vielen großen Männern reden? Man hat nicht Zeit, den öffentlichen Jammer zu beweinen, wenn man aufs Leid im eigenen Hause blickt. So laßt mich denn von jenem schweigen, nur von diesem reden; denn wenn auch meine Schwester nichts davon versteht, ich kenne doch das griechische Sprichwort: „Näher als die Wade ist das Knie!"

Der Kerl, den ihr da seht, der sich so viele Jahre hinter meinem Kaisernamen frech verbarg, hat so den Dank mir dargebracht: zwei Julien, die Urenkelkinder von mir sind, brachte er ums Leben, die eine mit dem Schwert, die andere durch Hunger; auch den Urenkel Lucius Silanus — du magst wissen, Jupiter, ob in einer üblen Sache, jedenfalls in einer, die auch dich betrifft, wenn du gerecht sein willst.

Dic mihi, dive Claudi, quare quemquam ex
his, quos quasque occidisti, antequam de causa
cognosceres, antequam audires, damnasti? hoc
ubi fieri solet? in caelo non fit. ecce Iuppiter, qui 11, 1
tot annos regnat, uni Volcano crus fregit, quem
ῥῖψε ποδὸς τεταγὼν ἀπὸ βηλοῦ θεσπεσίοιο,
et iratus fuit uxori et suspendit illam: numquid
occidit? tu Messalinam, cuius aeque avunculus
maior eram quam tuus, occidisti. "nescio" inquis? di tibi male faciant: adeo istuc turpius est,
quod nescisti, quam quod occidisti. C. Caesarem 2
non desiit mortuum persequi. occiderat ille socerum: hic et generum. Gaius Crassi filium vetuit
Magnum vocari: hic nomen illi reddidit, caput
tulit. occidit in una domo Crassum, Magnum,
Scriboniam, assarios quidem, nobiles tamen,
Crassum vero tam fatuum, ut etiam regnare posset.

Hunc nunc deum facere vultis? videte corpus 3
eius dis iratis natum. ad summam, tria verba cito
dicat, et servum me ducat. hunc deum quis colet? 4
quis credet? dum tales deos facitis, nemo vos deos
esse credet. summa rei, p. c., si honeste *me* inter
vos gessi, si nulli clarius respondi, vindicate iniu-
rias meas. ego pro sententia mea hoc censeo':
atque ita ex tabella recitavit: 5

Quando quidem divus Claudius occidit socerum suum Appium Silanum, generos duos Magnum Pompeium et L. Silanum, socerum filiae
suae Crassum Frugi, hominem tam similem sibi
quam ovo ovum, Scriboniam socrum filiae suae,

Nun sag' mir, göttlicher Claudius, warum hast du jeden von den Männern, von den Frauen, die du töten ließest, stets verurteilt, ehe du die Sache untersuchtest, ehe du sie selber hörtest? Wo ist das üblich? Sicher nicht bei uns im Himmel! Siehe Jupiter, der schon so viele Jahre herrscht: er hat nur dem Vulkan das Bein gebrochen, den er „warf, an der Ferse gefaßt, hinab von der heiligen Schwelle", und einmal war er auf die Gattin zornig und hat sie an die Luft gehängt — hat er sie denn gleich erschlagen? Du aber ließest Messalina töten, deren Großonkel ich ebensogut war wie ich der deine bin. „Ich weiß von nichts", sagst du? Verdammen sollen dich die Götter: daß du nichts davon wußtest, ist ja noch viel übler, als daß du sie ermordet hast! Dem Gaius Caligula hat er nach dessen Tode unablässig alles nachgemacht. Ermordet hatte der den Schwiegervater: dieser auch den Schwiegersohn. Gaius verbot dem Sohn des Crassus, sich den Ehrennamen Magnus beizulegen: dieser hier gab ihm den Namen wieder und nahm ihm den Kopf. In einem einzigen Hause ließ er Crassus töten und Magnus und Scribonia, die zwar alle keinen Dreier wert sind und doch alter Adel, Crassus noch dazu ein solcher Trottel, daß er sogar hätte herrschen können!

Den wollt ihr jetzt zum Gotte machen? Seht seinen Körper, den die Götter nur im Zorn erschaffen! Kurz und gut, drei Worte soll er uns rasch sagen, und wenn er's kann, will ich sein Sklave sein. Wer wird denn den als Gott verehren? wer wird an ihn glauben? Solange ihr die Art zu Göttern macht, wird euch kein Mensch mehr trauen, daß ihr selber Götter seid! Kurz und gut, ihr Senatoren, wenn ich in Ehren unter euch stets lebte, wenn ich auch keinem allzu deutlich meine Meinung sagte, so rächet diese Schmach, die ich erlitten! Nach meinem Urteil stelle ich nun diesen Antrag (und er verlas die Sätze, die er aufgezeichnet):

Sintemal der göttliche Claudius ums Leben brachte seinen Schwiegervater Appius Silanus, seine beiden Schwiegersöhne Magnus Pompeius und Lucius Silanus, seiner Tochter Schwiegervater Crassus Frugi — einen Menschen, ihm so

uxorem suam Messalinam et ceteros quorum nu-
merus iniri non potuit: placet mihi in eum severe
animadverti nec illi rerum iudicandarum vaca-
tionem dari eumque quam primum exportari et
caelo intra triginta dies excedere, Olympo intra
diem tertium'.

Pedibus in hanc sententiam itum est. nec mora, 6
Cyllenius illum collo obtorto trahit ad inferos a
caelo

'*illuc* unde negant redire quemquam'.

Dum descendunt per viam sacram, interrogat 12, 1
Mercurium, quid sibi velit ille concursus hominum, num Claudii funus esset? et erat omnium
formosissimum et impensa cura, plane ut scires
deum efferri: tubicinum, cornicinum, omnis generis aeneatorum tanta turba, tantus concentus,
ut etiam Claudius audire posset. omnes laeti, hi- 2
lares: populus Romanus ambulabat tanquam li-
ber. Agatho et pauci causidici plorabant, sed plane ex animo. iurisconsulti e tenebris procedebant,
pallidi, graciles, vix animam habentes, tanquam
qui tum maxime reviviscerent. ex his unus cum
vidisset capita conferentes et fortunas suas deplo-
rantes causidicos, accedit et ait: 'dicebam vobis:
non semper Saturnalia erunt'.

Claudius ut vidit funus suum, intellexit se mor- 3
tuum esse. ingredienti enim μεγάλῳ χορικῷ naenia cantabatur anapaestis:

  'fundite fletus, edite planctus,
  resonet tristi clamore forum:
  cecidit pulchre cordatus homo,

ähnlich wie ein Ei dem andern — Scribonia, die Schwiegermutter seiner Tochter, seine eigne Gattin Messalina und die vielen anderen, deren Zahl sich nicht ermitteln läßt — so stelle ich den Antrag, gegen ihn aufs strengste einzuschreiten, ihm auch keinerlei Entlastung im gerichtlichen Verfahren zu gewähren, ihn so schnell wie möglich fortzuschaffen, so daß er den Himmel binnen dreißig Tagen, den Olymp schon in drei Tagen räumen muß."

Alle traten diesem Antrag bei, und schleunigst packt ihn nun Merkur beim Kragen und schleppt ihn aus dem Himmel in den Hades,

„von wo, sagen sie, keiner noch zurückkam".

Während sie die Heilige Straße niedersteigen, fragt Merkur, was dort der Menschenauflauf zu bedeuten habe, ob's etwa des Claudius Leichenfeier sei? Und wirklich, es war wunderschön und mächtig vornehm, so daß man sah, es war ein Gott, der hier begraben wurde: von Trompetern, von Hornisten, von Blechbläsern jeder Art ein solcher Andrang, solcher Aufwand, daß selbst Claudius es hören konnte. Alle waren froh und guter Dinge; das römische Volk spazierte wie befreit herum. Nur Agatho und ein paar Advokaten weinten, und so recht von Herzen. Die wirklichen Juristen traten aus der Finsternis hervor, ganz bleich und abgemagert, kaum noch Atem in der Brust, als wenn sie jetzt erst wieder richtig leben könnten. Als einer aus dem Kreise nun die Advokaten sah, wie sie sich Kopf an Kopf zusammendrängten und ihr Los beklagten, da ging er auf sie zu und rief: „Hab' ich's euch nicht gesagt? nicht ewig werden Saturnalien sein!"

Als Claudius nun die eigene Totenfeier sah, da erst begriff er, daß er nicht mehr lebte. Denn ein gewaltiger Chor zog um und sang ein Trauerlied in Anapästen:

Ihr Tränen, entströmt,
Von Trauergesang
Denn es sank uns der Mann

ihr Klagen, ertönt,
laßt schallen den Markt:
mit so herrlichem Geist,

quo non alius fuit in toto
fortior orbe.
ille citato vincere cursu
poterat celeres, ille rebelles
fundere Parthos levibusque sequi
Persida telis, certaque manu
tendere nervum, qui praecipites
vulnere parvo figeret hostes,
pictaque Medi terga fugacis.
ille Britannos ultra noti
litora ponti
et caeruleos scuta Brigantas
dare Romuleis colla catenis
iussit et ipsum nova Romanae
iura securis tremere Oceanum.
deflete virum, quo non alius
potuit citius discere causas,
una tantum parte audita,
saepe *et* neutra. quis nunc iudex
toto lites audiet anno?
tibi iam cedet sede relicta,
qui dat populo iura silenti
Cretaea tenens oppida centum.
caedite maestis pectora palmis,
o causidici, venale genus.
vosque poetae lugete novi,
vosque in primis qui concusso
magna parastis lucra fritillo.

delectabatur laudibus suis Claudius et cupiebat 13, 1
diutius spectare. inicit illi manum Talthybius
deorum [nuntius] et trahit capite obvoluto, ne

Der keinem wich   auf der ganzen Welt
An tapferem Mut.
Die Geschwindesten hat   er weit überholt
Im mächtigen Lauf,   die Partherrebell'n
Zersprengte er rasch,   mit leichtem Geschoß
Er die Perser verfolgt,   und mit sicherem Arm
Den Bogen er spannt,   der den eilenden Feind
Verwundete leicht,   und er traf genau
Durch den bunten Schild   bei des Meders Flucht.
Die Britannen er trieb   weit über den Strand
Der bekannten See,
Und Brigantias Schar   mit düsterem Schild
Mußte beugen den Hals   unter Romas Joch,
Ja der Ozean selbst   muß zittern sogar
Vor der neuen Gewalt   eines römischen Beils.
Nun beklaget den Mann,   der wie keiner so schnell
Zu führen verstand   der Prozesse Lauf,
Wenn nur eine Partei   er zu hören geneigt,
Oft auch keine Partei.   Welcher Richter wird nun
Im ganzen Jahr   euch schlichten den Streit?
Sieh, es weichet dir schon,   verlassend den Sitz,
Der im schweigenden Reich   das Recht jetzt spricht,
Der in Kreta einst   hundert Städte beherrscht.
O schlaget die Brust   mit trauernder Hand,
Advokatenpack,   du käufliches Volk!
Auch ihr klagt mit,   junges Dichtervolk,
Und ihr zumal,   die ihr reichen Gewinn
In dem Würfelspiel   stets zu holen gewußt!

   Ganz selig war jetzt Claudius über diese Lobeshymnen, und er hatte große Lust, noch länger zuzuschauen. Doch da faßt ihn schon Talthybius, der Götterbote, und schleppt ihn

quis eum possit agnoscere, per campum Martium et inter Tiberim et Viam Tectam descendit ad inferos. antecesserat iam compendiaria Narcissus libertus ad patronum excipiendum et venienti nitidus, ut erat a balineo, occurrit et ait:
     'quid di ad homines?'

'celerius' inquit Mercurius 'et venire nos nuntia'.

Dicto citius Narcissus evolat. omnia proclivia sunt, facile descenditur. itaque quamvis podagricus esset, momento temporis pervenit ad ianuam Ditis, ubi iacebat Cerberus vel ut ait Horatius
     'belua centiceps'.

pusillum perturbatur — subalbam canem in deliciis habere adsueverat — ut illum vidit canem nigrum, villosum, sane non quem velis tibi in tenebris occurrere, et magna voce 'Claudius' inquit 'veniet'.

Cum plausu procedunt cantantes:
     εὑρήκαμεν συγχαίρομεν.

hic erat C. Silius consul designatus, Iuncus praetorius, Sex. Traulus, M. Helvius, Trogus, Cotta, Vettius Valens, Fabius, equites R. quos Narcissus duci iusserat. medius erat in hac cantantium turba Mnester pantomimus, quem Claudius decoris causa minorem fecerat. ad Messalinam — cito rumor percrebuit Claudium venisse — convolant: primi omnium liberti Polybius, Myron, Harpocras, Amphaeus, Pheronactus, quos Claudius omnes, necubi imparatus esset, praemiserat. deinde praefecti duo Iustus Catonius et Rufrius Pollio. deinde amici Saturninus Lusius et Pedo

mit verhülltem Kopfe — keiner sollte ihn erkennen! — übers Marsfeld zwischen Tiber und der Via Tecta bis hinab zur Unterwelt. Vorausgeeilt war schon auf einem kürzeren Weg Narcissus, ein Freigelassener des Kaisers, um den gnädigen Herren zu empfangen; blitzsauber, frisch vom Bade, stürzt er ihm bei seinem Kommen gleich entgegen und ruft aus:

„Was wollen Götter bei den Menschen?"

„Beeile dich", ruft Merkur, „und melde unsre Ankunft."

Kaum ist's gesagt, da stürmt Narciß davon. Alles geht bergab, und leicht steigt man hinunter. Trotz seiner Gichtbeschwerden kam er gleich im Augenblick zu Plutos Pforte; dort lag Cerberus,

„die hundertköpfige Bestie",

wie Horaz ihn nennt. Ein bißchen kommt er jetzt doch aus der Fassung, wie er den schwarzen, zottigen Köter sieht, dem man gewiß im Finstern nicht begegnen möchte — sonst pflegt er nur sein weißes Schoßhündchen zu hätscheln — und überlaut ruft er: „Der Claudius kommt!"

Mit Händeklatschen kommen sie hervor und singen:

„Wir fanden ihn, nun freun wir uns!"

Da war der schon gewählte Konsul Gaius Silius, der ehemalige Prätor Juncus, Sextus Traulus, Marcus Helvius, Trogus, Cotta, Vettius Valens, Fabius — lauter römische Ritter, die Narcissus hatte töten lassen. Mitten in der Sängerschar war auch der Pantomime Mnester, den Claudius — wohl aus Anstandsgründen — um einen Kopf verkürzen ließ. Alles eilt zu Messalina, denn die Nachricht, Claudius sei gekommen, hatte sich alsbald verbreitet: zu allererst die Freigelassenen Polybius, Myron, Harpocras, Amphaeus, Pheronactus; sie alle hatte Claudius, um nicht unbedient zu sein, vorausgeschickt. Dann die zwei Präfekten Justus Catonius und Rufrius Pollio. Ferner seine Freunde Saturninus Lusius und Pedo Pompeius und Lupus und Celer Asinius, alles

Pompeius et Lupus et Celer Asinius consulares,
novissime fratris filia, sororis filia, generi, soceri,
socrus, omnes plane consanguinei.

Et agmine facto Claudio occurrunt. quos cum 6
vidisset Claudius, exclamat:

'πάντα φίλων πλήρη,

quomodo huc venistis vos?' tum Pedo Pompeius:
'quid dicis, homo crudelissime? quaeris quomodo? quis enim nos alius huc misit quam tu, omnium amicorum interfector? in ius eamus: ego
tibi hic sellas ostendam'.

Ducit illum ad tribunal Aeaci: is lege Cornelia 14, 1
quae de sicariis lata est, quaerebat. postulat, nomen eius recipiat; edit subscriptionem: occisos
senatores XXXV, equites R. CCXXI, ceteros

ὅσα ψάμαθός τε κόνις τε.

advocatum non invenit. tandem procedit P. Pe- 2
tronius, vetus convictor eius, homo Claudiana
lingua disertus, et postulat advocationem. non
datur. accusat Pedo Pompeius magnis clamori-
bus. incipit patronus velle respondere. Aeacus,
homo iustissimus, vetat et illum altera tantum
parte audita condemnat et ait:

αἴκε πάθοι τά τ' ἔρεξε, δίκη κ' ἰθεῖα γένοιτο.

ingens silentium factum est. stupebant omnes no- 3
vitate rei attoniti, negabant hoc unquam factum.
Claudio magis iniquum videbatur quam novum.

De genere poenae diu disputatum est, quid illum pati oporteret. erant qui dicerent, Sisyphum
diu laturam fecisse, Tantalum siti periturum nisi
ili siuccurreretur, aliquando Ixionis miseri rotam

einstige Konsuln. Schließlich seines Bruders Tochter, seiner Schwester Tochter, seine Schwiegersöhne, seine Schwiegerväter, seine Schwiegermutter, offenbar alle seine Blutsverwandten.

In geschloßnem Zuge treten sie dem Claudius entgegen. Bei ihrem Anblick ruft er aus:

„Alles von Freunden voll!

Wie kommt *ihr* denn hierher?" Drauf Pedo Pompeius: „Was sagst du, du brutaler Kerl? Du fragst, wie? Wer anders hat uns denn hierhergeschickt als du, der Mörder aller deiner Freunde? Vors Gericht wollen wir gehen: ich will dir hier die Richterstühle zeigen.

Er führte ihn zum Tribunal des Äakus; der hielt gerade Untersuchung nach Cornelischem Gesetze über Meuchelmord. Er verlangt Annahme der Klage und reicht die Klageschrift ein: getötet seien 35 Senatoren, 221 römische Ritter, dazu noch Menschen

„soviel wie Staub und wie Meersand".

Einen Rechtsbeistand kann er nicht finden. Schließlich tritt Publius Petronius auf, sein alter Zechgenosse, der „ganz so schön wie Claudius" reden konnte; er bittet, erst mal eine Frist ihm zu gewähren. Wird abgelehnt. Die Klage führt Pedo Pompeius; alles lärmt ihm zu. Petronius als Verteidiger macht schon langsam Miene antworten zu wollen: doch Äakus, der höchst gerechte Richter, untersagt es ihm; nachdem er nur die Gegenseite angehört, verdammt er ihn und sagt:

„Duld' er nach eigenem Handeln, und gleiches Recht widerfahr' ihm!"

Da entstand ein tiefes Schweigen. Ganz verblüfft war alles, wie vom Donner gerührt bei diesem unerhörten Falle; so etwas sei noch nie geschehen, sagten sie. Dem Claudius freilich schien es mehr ungerecht als neu!

Über die Art der Strafe stritt man lange hin und her; wie sollte man ihn büßen lassen? Manche meinten: Sisyphus hat nun schon lange seine Last getragen; Tantalus wird bald verdursten, wenn man ihm nicht hilft, und auch dem Rad

sufflaminandam. non placuit ulli ex veteribus ₄
missionem dari, ne vel Claudius unquam simile
speraret.

Placuit novam poenam constitui debere, excogitandum illi laborem irritum et alicuius cupiditatis spes sine effectu. tum Aeacus iubet illum
alea ludere pertuso fritillo. et iam coeperat fugientes semper tesseras quaerere et nihil proficere:

nam quotiens missurus erat resonante fritillo, 15, ₁
utraque subducto fugiebat tessera fundo.
cumque recollectos auderet mittere talos,
lusuro similis semper semperque petenti,
decepere fidem: refugit digitosque per ipsos
fallax adsiduo dilabitur alea furto.
sic cum iam summi tanguntur culmina montis,
irrita Sisyphio volvuntur pondera collo.

Apparuit subito C. Caesar et petere illum in ₂
servitutem coepit; producit testes, qui illum viderant ab illo flagris, ferulis, colaphis vapulantem. adiudicatur C. Caesari; Caesar illum Aeaco
donat. is Menandro liberto suo tradidit, ut a cognitionibus esset.

Ixions, dieses armen Büßers, muß man mal den Hemmschuh unterlegen. Man stimmt dagegen, einen dieser Alten zu begnadigen, sonst könnte Claudius Gleiches einst für sich erwarten.

So wird beschlossen, eine völlig neue Strafe müsse man für ihn bestimmen, ausdenken eine Arbeit ohne Zweck und Sinn, die lockende Erwartung einer seiner Passionen, der doch ein Erfolg versagt. Da bestimmt ihm Äakus, mit einem Becher, dem der Boden fehlt, zu würfeln. Und schon fing er an, die Würfel, die ihm stets entglitten, aufzusuchen, ohne doch zum Wurf zu kommen:

Denn so oft er zu werfen versuchte aus tönendem Becher,
Schwand der Boden hinweg, und beide Würfel entrollten.
Wagt' er aufs neue zu werfen die wiedergesammelten Knöchel,
— Ähnlich einem, der immer spielt und doch immer nur
aufsucht —
Täuschten sie wieder sein Hoffen: den eigenen Fingern entwischend
Rollte der tückische Würfel dahin wie im Diebstahl entwendet.
So, wenn der Gipfel bereits des mächtigen Berges erreicht ist,
Rollt nach vergeblichem Wälzen von Sisyphus' Nacken der
Marmor.

Da erschien plötzlich Cäsar Caligula und suchte ihn als Sklaven für sich anzufordern; er brachte Zeugen, die gesehen hatten, wie er Claudius mit Peitschenhieben, Ruten und der Faust traktierte. Also wird er dem Cäsar Caligula zugesprochen; Caligula schenkt ihn dem Äakus. Der überläßt ihn seinem Freigelassenen Menander, dem er bei Untersuchungssachen als Gerichtsbüttel ewig zu dienen hat.

Seneca, der reichste und mächtigste Mann Roms im ersten nachchristlichen Jahrhundert, der große Staatsmann, der seiner Welt eine neue Ethik schenkte und Tragödien von bleibendem Werte schuf, dieser Mann schrieb auch eine witzige und von glühendem Haß erfüllte Satire. Der *Philosoph* Seneca ist als bedeutendster Vertreter der römischen Stoa auch heute noch weiten Kreisen bekannt; den *Satiriker* Seneca werden außer den Philologen und Althistorikern nur wenige kennen; und doch muß seine kleine Spottschrift auf Tod, Himmel- und Höllenfahrt des Kaisers Claudius als eine der geistvollsten politischen Satiren der Weltliteratur gewertet werden.

Was veranlaßte den Staatsmann und Philosophen, dessen wundervoller literarischer Nachlaß die Jahrhunderte überdauerte, zu dieser frechen und übermütigen Verspottung eines toten Kaisers? Selten hat das Schicksal einen Menschen so durch alle Höhen und Tiefen des Daseins geführt wie Seneca; selten hat ein Mensch so viel Ruhm genossen und so viel Neid und gehässige Nachrede erfahren wie er; niemals wieder hat ein Philosoph so viel Macht in einem Staate besessen oder ein Staatsmann so starke philosophische Interessen gehabt und ein so reiches literarisches Erbe hinterlassen. Dieser vielgerühmte und vielgeschmähte Mensch, der als Staatsmann in den Wirren der Neronischen Zeit ein Förderer von Fortschritt und sozialem Frieden war, der als Dichter zum ersten Vermittler zwischen der antiken und modernen Tragödie wurde und auf das Schauspiel der Neuzeit seit der Renaissance tiefgehenden und bleibenden Einfluß hatte, der als Philosoph unendlichen Segen übte und immer wieder seine helfende Kraft bewies, dieser Mensch darf gewiß als hervorragendste Persönlichkeit seiner Epoche und als eine der bedeutsamsten Gestalten der ganzen römischen Kaiserzeit gelten, bedeutender sicher als viele jener Machthaber, die damals auf dem römischen Kaiserthrone saßen.

Lucius Annaeus Seneca wurde am Beginn unserer Zeitrechnung, ums Jahr 4 v. Chr., in Corduba in Spanien geboren; sein Vater, ein römischer Ritter, ist uns durch sein teilweise erhaltenes Werk über die gekünstelten und phrasenhaften Redeübungen der damaligen Rhetorenschulen als Schriftsteller bekannt. Frühzeitig kam Seneca nach Rom, um sich von philosophischen Lehrern erziehen zu lassen; eine weite Reise, die ihn bis nach Ägypten führte, ergänzte seine Bildung; dann schlug er, wie es bei vornehmen Römern selbstverständlich war, die politische Laufbahn ein. Seine rednerischen Erfolge erregten schon bald Aufsehen, so daß Kaiser Caligula in seinem tollen Cäsarenwahnsinn auf den jungen Quästor eifersüchtig wurde und ihn beseitigen wollte; nur durch das Gerücht von einer schweren Erkrankung Senecas wurde er daran gehindert. Bald fand Caligula ein gewaltsames Ende (41 n. Chr.), und sein Onkel Claudius kam auf den Thron, ein philologisch und historisch ernsthaft interessierter und gewiß nicht unbedeutender Mann, der freilich weltfremd und willensschwach war und an mancherlei körperlichen Gebrechen litt. Seine Regierungszeit brachte Seneca das schwerste Unglück seines Lebens. Auf Betreiben der Kaiserin Messalina, die in ihm ihren politischen Gegner sah, wurde er im Jahre 41 auf die einsame Felseninsel Korsika verbannt; er war den nichtsnutzigen herrschenden Hofkreisen unbequem und wurde in den Hader der Frauen am Hofe verwickelt, galt als Liebhaber der Prinzessin Julia Livilla, der Schwester Agrippinas; und diese beiden Nichten des Kaisers Claudius waren Messalina aufs tiefste verhaßt. Diese Verbannung war ein furchtbarer Schlag für den jungen erfolgreichen Politiker und Schriftsteller; er wurde aus reichem Wirkungskreis herausgerissen und mußte in der Umgebung fremder Bergstämme ein einsames, nur seinen Studien gewidmetes Leben führen. So lange Messalina lebte, die sich vor Seneca fürchtete und sich durch ihn in ihrem schamlosen Leben gehemmt fühlte, war eine Heimkehr aus Korsika unmöglich; auch seine freundlichen und ergebenen Worte an Kaiser Claudius in einer Trostschrift an des Kaisers Günstling Polybius, die er in der Verbannung verfaßte, halfen nicht und brachten ihm nur den späteren, gewiß nicht unberechtigten Vorwurf höfischer Schmeichelei ein. Erst nach Messalinas Tode wurde er von Agrippina, der zweiten Gemahlin des Kaisers, im Jahre 49 nach achtjähriger bitterer Verbannung ehrenvoll nach Rom zurückgerufen. Damit kam zunächst eine glückliche Zeit für den schon Fünfzigjährigen und zugleich auch für das ganze römische Reich. Er war jetzt der maßgebende Mann in Rom und wurde Berater von Senat und Hof; vor allem berief ihn die Kaiserin zum Erzieher ihres jungen Sohnes Nero, des künftigen Herrschers, der zunächst viele gute Charakteranlagen zeigte und sich erst später zu dem üblen Tyrannen und Blutmenschen entwickelte, als der er in der Geschichte weiterlebt.

Im Jahre 54 vergiftete die Kaiserin Agrippina ihren Gatten Claudius, und ihr Sohn Nero wurde von Militär und Volk mit Jubel als der neue Herrscher begrüßt. Zunächst stand der erst siebzehnjährige Kaiser noch völlig unter dem guten Einfluß seines Erziehers Seneca, und der Philosoph regierte als Berater des jugendlichen Kaisers, gestützt auf seinen Freund Burrus, den Präfekten der Garnison, fast unumschränkt das römische Weltreich. Diese ersten fünf Jahre der Neronischen Regierung waren wirklich eine goldene Zeit für Rom; im jungen Herrscher glaubte man das

Ideal verwirklicht, das noch aus der Augusteischen Ära im Volk lebendig war. Wie einst die Dichter nach schwerer Sorge den jugendlichen Oktavian, den späteren Kaiser Augustus, freudig begrüßten, so empfanden sie jetzt den Kaiserwechsel als Befreiung aus einem allmählich unerträglich gewordenen Mißregiment, das mit Claudius' Tode endete. Noch war ja der Cäsarenwahnsinn des neuen Fürsten nicht ausgebrochen, noch hatte Nero der Welt keine Gelegenheit gegeben, enttäuscht zu sein und seine künstlerischen Interessen als eitel Dilettantismus zu entlarven. Seneca kannte keine schönere Pflicht, als den kommenden Herrn der Welt für sein schweres Amt im Dienst des römischen Staates vorzubereiten und dann den jungen Fürsten im Sinne des Idealkaisers Augustus geschickt zu leiten.

Doch bald traten die üblen Anlagen und Neigungen des willensschwachen Kaisers immer deutlicher hervor. Seneca suchte sie zunächst in ungefährliche Bahnen zu lenken, hoffte auch dann noch, als Nero seine Mutter Agrippina ermorden ließ, den Größenwahnsinn und Blutrausch Neros eindämmen zu können, wenn er auch spürte, daß seine Macht im Sinken war. Aus seinen Schriften, die man geradezu als ,,Bruchstücke einer großen Konfession'' bezeichnet hat, können wir seine damalige Stimmung ablesen, können erkennen, wie er auch auf verlorenem Posten, als ,,Soldat im Geiste'' noch seine Pflicht zu tun versuchte. Seine Macht schwand immer mehr und damit auch die Hoffnung, den Cäsarenwahnsinn Neros noch bändigen zu können; ihr Verhältnis ging bald in völlige Entfremdung über. Senecas Freund, der Gardepräfekt Burrus, mußte sterben, und im Jahre 65 traf auch ihn das lange erwartete Todesurteil Neros. Die Wahl der Todesart wurde ihm überlassen; so tröstete er mit sokratischer Ruhe und Überlegenheit die versammelten Freunde und öffnete sich im Bade die Pulsadern, um zu verbluten.

Wie sein Leben, so war auch sein Charakter wechselreich und vielumstritten; zweifellos stand sein Wesen und sein Tun nicht immer im Einklang mit der Lehre, die er predigte. Er selbst war sich der Schwächen seines Charakters voll bewußt und arbeitete, wie er versichert, in täglicher Prüfung an seiner Besserung. Ein gerechtes Urteil über Seneca als Menschen zu fällen, ist schon wegen der unsicheren Quellenlage sehr schwierig; die letzten Motive seines Handelns bleiben uns verborgen, und ein so ungewöhnliches Leben und Wirken, das zu manchem Zugeständnis sich bereit erklären mußte, läßt sich nicht mit dem alltäglichen Maßstab messen und zwingt uns zur Zurückhaltung in unserem Urteil.

In seinen philosophischen Werken hinterließ Seneca die umfassendste und feinste Pflichtenlehre, die die römische Welt gesehen. Er bot für alle Konflikte des Lebens Ratschläge, die aus der Fülle der Erfahrung geschöpft waren; die entscheidenden Instanzen der großen Welt, die römischen Herrenmenschen und auch den Kaiser selbst wollte er eingewöhnen in die Denkweise reiner Menschlichkeit. Dabei mußte er dem hochgeschraubten Kunstgefühl der vornehmen Welt Roms genügen und durch die überlegene Art seines Vortrags, die ebenso fern war vom breiten Wortschwall Ciceros wie vom naiven Volkston des Alltags, seine Leser zu gewinnen suchen; durch seinen überraschend knappen, sentenzenreichen Stil wurde er zum glänzendsten Repräsentanten des Modestils seiner Zeit. Seelenkunde und Seelenführung sind der Hauptgegenstand seiner philosophischen Schriften, die uns in zahlreichen Abhandlungen (dialogi) über einzelne Gebiete der Ethik erhalten sind; sie handeln z. B. über die Milde, den Zorn, die Kürze des Lebens, über die Gemütsruhe, über die Vorsehung. In den letzten Lebensjahren schrieb er als reifste Frucht seiner Lebensanschauung 124 moralphilosophische Briefe (epistulae morales) an seinen Freund Lucilius und die

„Naturwissenschaftlichen Untersuchungen" (naturales quaestiones), die bis weit ins Mittelalter als Lehrbuch der Physik dienten und noch heute eine aufschlußreiche Quelle für die naturwissenschaftlichen Kenntnisse des Altertums sind. Zu seinen bedeutendsten Werken gehört die Abhandlung „Über die Wohltaten"; hier zeigt sich Seneca, der Lehrer praktischer Lebensweisheit und geistreiche Darsteller stoischer Weltanschauung, von seiner besten Seite. Wenn er schon in seinen Dialogen und Briefen den oft spröden Stoff lebensnah und interessant zu gestalten wußte und immer Worte warmen menschlichen Verstehens fand, so zeigte er in seiner Abhandlung „Von den Wohltaten" soziales Verständnis und menschliche Hilfsbereitschaft in einem Ausmaß, das selbst der beste Kenner seiner übrigen Schriften nicht bei ihm vermutet; wohl das Vollkommenste, was die Antike über Menschenliebe und über die Pflicht sozialer Wirksamkeit gebracht hat.

Bei den reichen, hier besonders deutlichen Anklängen an christliche Gedanken ist es kein Wunder, daß man glaubte, Seneca sei im geheimen ein Christ gewesen, daß man sogar einen Briefwechsel zwischen ihm und dem Apostel Paulus erdichtete, der noch von Hieronymus und Augustinus für echt gehalten wurde; erst um 1500 begannen einzelne Humanisten diese Briefe als Fälschungen nachzuweisen, und wir wissen heute, daß sich kein Einfluß des Christentums auf Seneca nachweisen läßt.

Noch mehr als in der stilistischen Form seiner Prosawerke huldigte Seneca in seinen Tragödien dem Geschmack seiner Zeit; als die einzigen römischen Tragödien, die wir besitzen, sind sie uns besonders wertvoll. Schon die Titel lassen ihren Inhalt ahnen: sie handeln von Thyestes, dem das Fleisch der eignen Kinder vom Bruder vorgesetzt wird, vom rasenden Herkules, der Frau und Kinder erschlägt, von Ödipus, der sich selber blendet, von Medea, die ihre Kinder zerstückelt; so bringen sie die grausigsten Stoffe der griechischen Sage, Abschreckungsbilder, die die Laster dieser Zeit in ihren tragischen Konsequenzen zeigen. Auch sie dienen ebenso wie seine Prosaschriften der Moral und sind mit Senecas Gesamtwirken eng verknüpft. Zur Aufführung waren diese handlungsarmen Stücke wohl kaum bestimmt, doch wurden sie wegen ihres blendenden rhetorischen Stils, ihrer pathetischen Deklamationen und spitzfindigen Dialoge eifrig gelesen und noch jahrhundertelang als klassische Muster bewundert.

Dieser vielseitige Mann, der in seinen Werken den Römern eine neue Ethik aufbaute und als unermüdlicher Sittenprediger seine Mitwelt zu bessern suchte, schrieb auch eine scharfe und boshafte Satire, um sich an dem verhaßten Mann zu rächen, der ihn nach Korsika verbannte und dort acht Jahre lang in der Einsamkeit schmachten ließ. Kaum war der verstorbene Claudius mit überschwenglichem Pomp begraben und durch Senatsbeschluß zum Gott erhoben, da entlud sich Senecas persönliche Erbitterung in einer Spottschrift auf Tod, Himmel- und Höllenfahrt des Kaisers, um den verhaßten Mann völlig der Lächerlichkeit preiszugeben. Mochte Claudius seine Sonderbarkeiten gehabt und an allerhand körperlichen Schwächen gelitten haben, mochte er dem Einfluß seiner Frauen und Günstlinge allzu zugänglich gewesen sein, so hatte er doch gewissenhaft seine Regentenpflichten erfüllt und sich durch starke wissenschaftliche Interessen ausgezeichnet. In unserer Satire werden nun nicht staatsmännische Maßnahmen oder literarische Leistungen des Claudius verhöhnt, sondern Seneca „entwirft[1]) von dem Manne als Persönlichkeit eine höchst giftige und völlig vernichtende Karikatur, und die Bosheit gewinnt besonders dadurch ihre überwältigende Schärfe, daß ihr Autor mit den kleinsten Eigenheiten und Lieb-

[1] Nach Ulrich Knoche, Die römische Satire.

habereien des Angegriffenen genau vertraut ist und alles grausam und spöttisch bloßlegt. Ob es sich um körperliche Schwächen des Claudius handelt, sein Nachschleifen des rechten Fußes, seine unklare Aussprache und sein gelegentliches Stottern, das Zittern der Hände, seine lockeren Gesten, sein Wackeln mit dem Kopf, überhaupt seine Nervosität, oder um seine große Vergeßlichkeit, seine gelegentliche geistige Abwesenheit, seine Ungeniertheit und Naivität, um seinen guten Appetit, seine Herkunft aus Gallien oder um Liebhabereien, wie seine Vorliebe für die Philologie, für Dichterzitate, für die Rechtsprechung und fürs Würfelspiel: alles dient hier nur dem Zweck, den Verstorbenen auf jede erdenkliche Weise lächerlich und verächtlich zu machen".

Die Überschrift „Apokolokyntosis", die allein durch einen späten Historiker, Dio Cassius, bezeugt ist (in den meisten Handschriften lautet sie „Ludus Senecae de morte Claudii Neronis", Senecas Spottschrift über den Tod des Claudius Nero), soll offenbar eine Apotheose ins Lächerliche ziehen. Apotheosis heißt „Vergottung", Apokolokyntosis „Verkürbissung"; demnach soll Claudius, wie man früher annahm, hier nicht apotheosiert, vergottet, sondern apokolokyntisiert, verkürbist werden, also nach seinem Tode nicht (wie der Stadtgründer Romulus oder der Kaiser Augustus) in einen Gott, sondern in einen Kürbis verwandelt werden. Da in unserer Satire nirgends von einer solchen Verwandlung die Rede ist, suchte man sie in einem Schlußstück, das uns etwa als letztes Blatt verloren sei, vielleicht auch in dem in der Überlieferung fehlenden Textstück nach Kapitel 7. Diese Vermutung kann heute als völlig widerlegt gelten; wahrscheinlich lag der Witz lediglich im Titel, denn der Kürbis war (wie bei uns der Kohlkopf) im Altertum ein Schimpfwort für den Dummkopf, so daß der Titel nur besagt, Claudius sei nach seinem Tode der gleiche Trottel geblieben wie im Leben; oder man übersetzt Apokolokyntosis (wie Otto Weinreich vorschlägt) mit dem nicht gerade literaturfähigen Scherzwort „Die Veräppelung des Kaisers Claudius". Daß am Schluß nicht eine Verstümmelung der Satire vorliegt, beweist schon (wie gleichfalls Weinreich in seinem Buche überzeugend nachweist) der klare und fein durchdachte Aufbau des Ganzen.

Hat nun der ernste Philosoph und Menschheitsbeglücker wirklich eine solche „Veräppelung" auf dem Gewissen, hat derselbe Seneca, der nach Tacitus' Bericht die feierliche Totenklage (laudatio funebris) verfaßte, die Kaiser Nero am Bestattungstage auf seinen Adoptivvater Claudius gehalten hat, wirklich zur gleichen Zeit eine solche hohn- und haßerfüllte Spottschrift auf den gleichen Claudius schreiben können, dem er noch vor wenigen Jahren während seiner Verbannung die größten Huldigungen dargebracht hatte? Sollte der leitende Staatsmann Roms in dieser Schärfe den Verstorbenen verspottet haben, der soeben mit überschwenglichem Pomp begraben und durch Senatsbeschluß zum Gott erhoben war? Gewiß konnten solche Einwände entstehen, doch wurden sie längst aus triftigen Gründen widerlegt und können heute gewiß als abgetan gelten. Schon die Tatsache, daß unsre Satire in Sprache und Stil mit den philosophischen Schriften und den Tragödien Senecas völlig übereinstimmt, ist ein Beweis für seine Autorschaft; und (wie Ulrich Knoche und andere betonen) gerade bei einer so schillernden Persönlichkeit, wie es Seneca ist und wie ihn schon das Altertum auffaßte, ist die gleichzeitige Abfassung einer Lobschrift und einer Schmähschrift auf den gleichen Toten durchaus keine Unmöglichkeit. Wir wissen ja, daß Seneca seinen persönlichen Groll gegen Claudius nie verwunden hat und daß er dem Kaiser das Unrecht der Verbannung, das ihn so bitter schmerzte, nie verzieh; und nur aus dieser Gesinnung heraus ist die boshafte Satire zu verstehen.

Gewiß wurde die kleine Schrift nicht unter dem Namen des allbekannten Ministers, sondern anonym veröffentlicht; auch war sie wohl zunächst nur für den kleinsten Kreis der spottlustigen Hofgesellschaft bestimmt, in der sie mit vollem Verständnis genossen und gründlich belacht wurde. Verfaßt wurde die Satire, die uns bis auf eine Lücke in der Mitte (nach Kapitel 7) vollständig erhalten ist, höchstwahrscheinlich kurz nach dem Tode des verspotteten Kaisers Claudius, also in den ersten Tagen oder Wochen der Regierung des jungen Nero, im Jahre 54 n. Chr. Sie ist das einzige erhaltene Muster einer „Menippeïschen Satire". Das führt uns zu der Form, die Seneca für seine Spottschrift gewählt hat.

Die Satire ist die Dichtungsgattung, die der Römer — sonst durchaus ein Epigone griechischer Dichtung — als literarische Kunstform selbst geschaffen und in der er allein Originelles geleistet hat; sie entsprach in ihrem scharfen, oft bissigen Witz am meisten seiner derb zupackenden, bäuerlichen Art, und bei seiner Neigung zu kluger Beobachtung und treffsicherem Spott erzielte der Römer gerade in der Satire, wo er diese Anlage betätigen konnte, seine besten Erfolge. Die Prägung des Namens „Satire" nahm zunächst Ennius (239—169 v. Chr.) vor, der Repräsentant altrömischer Poesie, der seine „Vermischten Gedichte" so bezeichnete; der Ausdruck stammt wohl von der „lanx satura", der mit vermischten Früchten oder Opfergaben gefüllten Schüssel, und so bedeutet die „satura (poesis)" ursprünglich nichts anderes als vermischte Gedichte in verschiedenen Formen. Von scharfem Witz und spottender Kritik war in der Satire des Ennius noch nichts zu spüren; erst Lucilius (180—102 v. Chr.) gilt als der eigentliche Erfinder dieser besonderen Dichtungsgattung. Er gab der Satire die polemische Tendenz, die sie seitdem beibehalten hat, und bevorzugte immer mehr den Hexameter, der das ihr eigene Versmaß bleiben sollte. Sein literarisches Lebenswerk bestand aus 30 Büchern satirischer Gedichte, die allerhand Schwächen und Torheiten an den Pranger stellten und die Satire zu einem Organ der Zeit- und Gesellschaftskritik machten; daß uns sein Werk nur in dürftigen Fragmenten erhalten ist, bedeutet für uns einen schmerzlichen Verlust. Sein großer Nachfolger war Horaz (65—8 v. Chr.), der bedeutendste und feinste Satirendichter, den Rom besaß; er fand im ersten Jahrhundert n. Chr. in Persius (34 bis 62) und Juvenal (ca. 55—ca. 138) noch zwei Nachfolger, die freilich seine hohe Kunst bei weitem nicht erreichten. Während Horaz in seinen graziösen Plaudereien (sermones) mit vergnügtem Schmunzeln die Schwächen seiner Zeit verspottet und lächelnd die Wahrheit zu sagen sucht (ridentem dicere verum), tadelt Persius im dozierenden Tone des Schulmeisters die Fehler seiner Mitmenschen, Juvenal aber entrüstet sich voll Erbitterung und in schärfster Form über die Laster des Sündenbabels Rom.

Diese drei Dichter, die für uns die Vertreter der römischen Satire sind, bedienten sich dabei ausschließlich der Versform des Hexameters, wie es schon ihr Vorbild Lucilius meist tat. Daneben gab es eine andere Spielart der römischen Satire, die sich in der Form völlig von jener unterscheidet; es war eine Darstellung in Prosa, die nur gelegentlich durch Verse ergänzt und belebt wird, also eine Mischform aus Prosa und Poesie. Man nannte sie nach ihrem Vorbild, dem kynischen Philosophen Menippos von Gadara (3. Jahrh. v. Chr.), die „Menippeïsche Satire"; ihr Hauptvertreter in Rom, der sie in die lateinische Literatur eingeführt hat, war Marcus Terentius Varro (116—27 v. Chr.). Er genoß zu Cäsars und Ciceros Zeit als Roms bedeutendster Gelehrter und Enzyklopädist großes Ansehen und schrieb neben vielen anderen Werken auch Menippeïsche Satiren. Sie sind uns leider nur in einzelnen Fragmenten erhalten; das einzige fast vollständige Beispiel einer Menippeïschen Satire, das wir aus dem römischen Altertum kennen und das uns ein klares Vorbild dieser besonderen Dichtungsart gibt, ist unsere Apokolokyntosis. Sie ist in Prosa geschrieben, wird aber oft von Versen unterbrochen; diese poetischen Stücke sind wörtliche oder spöttisch umgebogene Dichterzitate und vor allem selbständige Stücke in Hexametern, Anapästen oder jambischen Trimetern. Teils sollen diese Verspartien prosaisch Gesagtes in anderem Stil ausmalen, teils ist es eine rein poetische Einlage, oder die Handlung soll in Versen weitergeführt werden. So gibt die Apokolokyntosis trotz ihrer ganz individuellen Ausgestaltung einen klaren Begriff von der Gattung der Menippeïschen Satire.

Schließlich sei der Inhalt unserer Satire in einem kurzen Überblick skizziert.

Im Proömium (Kap. 1—2) wird nach Bestimmung von Ort und Zeit das Thema gestellt und — ganz nach dem Muster der Historikerproömien — die Glaubwürdigkeit der Darstellung versichert und die Quelle angegeben. In schroffem Übergang, der für diesen Stil kennzeichnend ist, folgt (Kap. 3—4) eine Szene zwischen Apollo und den Parzen: der längst fällige Tod des Claudius wird beschlossen und der Anbruch eines neuen, goldenen Zeitalters mit Neros Regierungsantritt verkündet; in epischer Breite und reich ausgezierten Versen werden die Handlungen Apollos und der Parzen ausgemalt. Claudius spricht seine letzten Worte und stirbt; sogleich steigt er zum Olymp empor, um als künftiger Gott dort Einlaß zu begehren (Kap. 5 ff.). Jupiter schickt Herkules hinaus, der einst die ganze Welt durchwandert hat und alle Sprachen kennt; er soll den seltsamen Mann mit der unverständlichen Sprache nach seiner Herkunft fragen. Mit einem

Homervers spricht er ihn an; Claudius, der sich freut, daß es auch im Himmel Philologen gibt, die den Homer verstehen, antwortet gleichfalls mit einem solchen Verse. Nach langem Gerede, bei dem die Fiebergöttin mit keifenden Worten Aufklärung gibt, gewinnt er den Herkules für sich; in einer Götterversammlung soll beraten werden, ob man Claudius als neuen Gott anerkennen oder seine Vergottung nicht lieber aufheben soll. Der Schluß von Claudius' Rede vor dem Himmelstor, durch die er Herkules für sich gewonnen hatte, seine Einführung durch Herkules in den himmlischen Senat und die entrüstete Ablehnung der Götter ist wohl in einer Lücke nach Kapitel 7 verlorengegangen. Das Hauptstück der Satire bildet nun eine ausführliche Götterberatung (Kap. 8—11). Man hört noch die frivol witzelnden Worte eines Gottes über die gewünschte Vergöttlichung des toten Kaisers; andere mögen vorausgegangen sein, und Jupiter rafft sich schließlich zu einem energischen Ordnungsruf auf, um die Würde des Olymp zu wahren. Nun kommt es zur geordneten Debatte. Janus spricht sich gegen, Diespiter für Claudius' Aufnahme aus, der eine eine harmlose, der andere eine lächerliche Karikatur, und Herkules treibt indessen unverhüllten Stimmenfang. Dann wechselt der Ton vollständig (Kap. 10). In einer vernichtenden Rede, die mit ganz individuellen Zügen ausgestattet ist, häuft Augustus in gekränkter Würde, tiefster Verachtung und offenem Hohn seine Argumente und deckt alle Verbrechen des Claudius erbarmungslos auf; unzweifelhaft der Höhepunkt des Ganzen, ausmündend in den genau formulierten Antrag, den toten Kaiser aus dem Himmel zu verweisen. Sein ablehnendes Urteil setzt sich durch; Merkur muß den Claudius wieder fortschaffen (Kap. 11), und der Verstorbene wird übers römische Forum, wo er sein eigenes Totenlied, eine große Parodie tragischer Klageanapäste, mit viel Vergnügen anhört, in den Orkus geschleppt. Hier ziehen ihm Scharen von Leuten entgegen, die er einst durch ungerechtes Urteil selbst ums Leben gebracht hat (Kap. 14). Als Parodie einer römischen Gerichtsszene folgt die Anklage gegen den verstorbenen Kaiser vor dem Totenrichter Äakus (Kap. 14—15); dieser vergilt Gleiches mit Gleichem, hört nur den Kläger, nicht den Beklagten an und entschließt sich zu einer völlig neuen Strafe: Claudius, der schon zu Lebzeiten das Würfelspiel so liebte, soll bis in alle Ewigkeit mit einem Würfelbecher ohne festen Boden spielen. Dann wird die Handlung im raschesten Tempo zu Ende geführt: Caligula erscheint und nimmt Claudius als Sklaven für sich in Anspruch, schenkt ihn dem Äakus, der ihn an seinen Freigelassenen Menander weitergibt; dem soll er als ewiger Gerichtsbüttel dienen. So bleibt Claudius auch im Hades der dürftige Hörige eines Freigelassenen, wie er es im Leben schon gewesen war; in diesem Nachspiel gipfelt Senecas persönliche Rache für die bitteren Jahre der Verbannung in Korsika, die er dem toten Kaiser nicht vergessen konnte.

ERLÄUTERUNGEN

Kapitel 1

§ 1 *Im neuen Kaiserjahre:* die alte Zählung gilt nicht mehr, ein neues, goldenes Zeitalter ist angebrochen; eine Umschreibung des ersten Jahres von Kaiser Neros Regierung (54 n. Chr.), wie sich aus dem weiteren Verlauf ergibt. — Claudius starb am 13. Oktober 54 n. Chr. *Sprichwort:* ein griechisches Sprichwort[1]) lautete: μωρῷ καὶ βασιλεῖ νόμος ἄγραφος, „für den Dummkopf und den König gibt es ein ungeschriebenes Gesetz". Claudius war — nach dem Urteil seiner Zeitgenossen — beides zugleich, et rex et fatuus, König und Dummkopf; seine Dummheit und seine Tyrannei waren gleich unberechenbar. Wenn seine Mutter Antonia jemandem den Vorwurf der Dummheit machen wollte, sagte sie: „Er ist noch dümmer als mein Sohn Claudius"; sie pflegte ihn „eine Mißgeburt von einem Menschen" (portentum hominis) zu nennen und sagte, „die Natur hätte ihn nicht vollendet, sondern nur begonnen" (nec absolutum a natura, sed tantum inchoatum). Seine Großmutter Augusta (Livia, die Gattin des Kaisers Augustus) behandelte ihn stets mit größter Verachtung. Als seine Schwester Livilla hörte, er würde einst die Herrschaft übernehmen, da verwünschte sie laut und öffentlich das unglückliche und unwürdige Geschick des römischen Volkes[2]). Der ganze Hof und auch der neue Kaiser Nero teilten Senecas Urteil; sicher ist, daß Nero den Verstorbenen auf alle Weise beschimpfte; bald warf er ihm Dummheit vor, bald Grausamkeit. Mit einem (für uns unübersetzbaren) Wortwitze hatte er gesagt: morari eum desiisse, er habe aufgehört, unter Menschen zu weilen, wobei er die erste Silbe des Wortes mŏrari (weilen) lang aussprach[3]); man soll nicht an mŏra = Aufenthalt, mŏrari = weilen, sondern an das ursprünglich griechische mōrus, μωρός = „Dummkopf" denken. — Daß man heute zu einem anderen Urteil über Claudius gekommen ist und auch seine Vorzüge sehr anerkennt, wurde in unserer Einführung betont.

§ 2 *Drusilla:* als Drusilla, die Schwester des Kaisers Caligula, im Jahre 38 gestorben war und vergöttert wurde, schwor der Senator Livius Geminus, er habe sie zum Himmel aufsteigen sehen; zum Dank für diese harmlose, dem Kaiser und dem Senat bei ihren Übertreibungen des Drusillakultus willkommene Mitteilung bekam er 250 000 Denare[4]). Im Todesjahr des Kaisers Claudius (54) war er offenbar Aufseher der Via Appia (curator viae Appiae). — Ebenso hatte nach Kaiser Augustus' Tod ein Senator geschworen, er habe die Gestalt des Verbrannten zum Himmel emporsteigen sehen, und bekam von der Kaiserinwitwe Livia den gleichen Lohn[5]).

[1] Nach Porphyrio zu Horaz sat. II 3, 188.
[2] Sueton Claudius Kap. 3.
[3] Sueton Nero 33.
[4] Dio Cassius 59, 11.
[5] Dio Cassius 56, 46 und Sueton Augustus 100.

mit humpelnden Schritten: (wörtlich: „mit kürzeren Schritten"), so folgt dem Vater Äneas sein kleiner Sohn Julus beim Auszug aus dem brennenden Troja (nach Vergils Darstellung, Aen. II 724); Seneca überträgt es auf den wackligen, hinkenden Gang[1]) des Claudius.

Augustus und Tiberius: beide Kaiser starben in Campanien, Augustus in der Stadt Nola, Tiberius bei Misenum; da ihre Leichen zu feierlicher Beisetzung nach Rom getragen wurden, mußten sie diese Reise in den Himmel auf der Via Appia zurücklegen.

Kapitel 2

§ 1 Die wortreiche poetische Ausmalung des Herbstes in sechs Hexametern — und ebenso (§ 4) die Schilderung der Nachmittagsstunde — gibt eine Parodie der damals häufigen bombastischen Umschreibungen von Tag- und Jahreszeiten; anschließend (§ 2) ein nüchterner prosaischer Hinweis auf Monat, Tag und Stunde in völlig verändertem, schnippischen Ton.

Phoebus: der Sonnengott; Seneca meint, es wurde später Tag und früher Nacht.

Cynthia: Diana als Göttin des Mondes.

Bacchus: der Gott des Weines, von dem man das Altern gefordert hatte; d. h. man hatte den Wein zu größerer Reife noch ungelesen gelassen. Die Weinlese fand meist schon Ende September statt.

§ 2 *Philosophen:* der Spott über sie im Munde des Philosophen Seneca erklärt sich aus dem Charakter der Satire; altrömische Antipathie gegen das Philosophieren, dazu die oft ausgedrückte Klage über die Uneinigkeit der Philosophen.

Uhren: bei den Sonnen- und den Wasseruhren der Alten konnte natürlich von genauer Zeitangabe keine Rede sein.

Als *Todeszeit* nennt Seneca nach der höfisch-offiziellen Darstellung die Stunde zwischen 12 und 1 Uhr. Claudius verschied in Wirklichkeit schon früh am Tage, doch erfolgte die Bekanntmachung auf Rat der Astrologen erst am Mittag, als Nero mit dem Führer der Prätorianer aus dem Palast trat und der wachthabenden Kohorte als Kaiser vorgestellt ward[2]).

Kapitel 3

§ 1 *Merkur* war auch Schutzgott der Krämer und des emporgekommenen Gesindels; so hatte er gewiß nicht an den historischen und grammatischen Studien des Kaisers, sondern an seiner Spielsucht[3]) und an seinem Krämersinn[4]) Wohlgefallen gefunden.

Vierundsechzig Jahre: Claudius wurde im Jahre 10 v. Chr. geboren und starb 54 n. Chr.

§ 2 *Astrologen* suchten den Aberglauben des Volkes auszubeuten und trieben auch am Hofe ihr gewinnreiches Spiel. Durch ihre Wahrsagungen über Thron-

---

[1] Sueton Claudius 21 g. E.; vgl. 30 ingredientem destituebant poplites minus firmi: beim Gehen schadete es ihm, daß er nicht recht fest auf den Beinen war.
[2] Sueton Nero 8; Claudius 45.
[3] Sueton Claudius 33.
[4] Sueton Claudius 18.

wechsel u. dgl. übten sie großen Einfluß auf die Politik der Kaiserzeit; so wurde während Claudius' Regierung (im Jahre 54) ein vornehmer Römer verbannt, weil er sich bei ihnen über den Tod des Fürsten erkundigte[1]). Bei der Schwäche und Abhängigkeit des Kaisers, bei den häufigen Versuchen zum Aufstand und den Anschlägen seiner Frauen zu seiner Entthronung und Ermordung begreift man leicht die zahlreichen Prophezeiungen der Astrologen; sie gingen immer fehl und werden hier vom Satiriker verspottet. *Gib ihn dem Tod:* das Zitat stammt aus Vergils Buch vom Landbau (Georg. IV, 90); gemeint ist dort die Bienenkönigin!

§ 3 *Bürgerrecht:* Claudius und seine Freigelassenen verteilten das früher so heilig gehaltene und stolz behütete römische Bürgerrecht in verschwenderischster Weise an einzelne wie an Gemeinschaften; man sagte geradezu, man könne es um Glasscherben bekommen[2]). Auch die größten fremden Nationen wollte man zu römischen Bürgern (cives Romani) machen; sogar die Britannier, die erst vor kurzem (im Jahre 43 n. Chr.) Roms Herrschaft anerkennen mußten.

Der Gebrauch der *Toga,* des Abzeichens des römischen Bürgers, war Nichtbürgern untersagt.

§ 4 *Baba* wird in einem Briefe Senecas[3]) als Beispiel eines Dummkopfs genannt; von Augurinus ist nichts bekannt. Da der Kaiser sein großes irdisches Gefolge verlassen muß, bestimmt die Parze zu seinem Geleit zwei Leute, die offenbar seine Geistesgenossen waren: so ist mit **Augurinus, Baba** und **Claudius** — wie man gesagt hat — das ABC der Dummköpfe komplett.

Kapitel 4

§ 1 Die für den sterbenden Claudius und den neuen Kaiser Nero bedeutsamen Handlungen Apollos und der Parzen werden in epischer Breite und reich ausgestatteten Versen geschildert; diese 32 Hexameter sind neben dem Trauerlied in Kapitel 12 das größte poetische Stück der ganzen Satire; nicht dichterische Einlage, sondern Fortführung der Handlung in Versen (durch das erste Wort und die folgenden Prosaworte mit der übrigen Prosa verknüpft). Klotho wickelt das Lebensgespinst des Claudius auf der Spindel zusammen, Lachesis und die anderen Parzen spinnen den Faden Neros; das Ganze ist ein huldigender Lobgesang voll üppigster Schmeichelei gegen den kommenden Kaiser, der neben dem sterbenden Trottel (dem nur das erste Verspaar gilt) als Idealkaiser der Zukunft und Bringer eines goldenen Zeitalters erscheint — Vorschußlorbeeren, zu denen sich damals Seneca als sein früherer Lehrer berechtigt fühlte und zu denen er bei den glänzenden Anlagen des jungen, später freilich so schwer enttäuschenden Fürsten auch berechtigt war. Den Preis Neros verkündet im zweiten Teil des Gedichtes der Gott selbst, dem er an Sangeskunst und Jugendschönheit gleicht: Phoebus Apollo. — Nach solchen Schmeicheleien ist es begreiflich, wenn sich Nero

---

[1] Tacitus ann. XII 52.
[2] Dio 60, 17.
[3] Sen. epist. 15, 10.

schließlich selbst dem Gott Apollo gleich erschien und sich als Sonnengott in einem riesenhaften Koloß neben dem (daher benannten) Kolosseum in Rom darstellen ließ.

Pierischer Lorbeer: Lachesis bereitet sich zum feierlichen Werke durch Bekränzung mit pierischem Lorbeer; Pieros galt als Vater der neun Musen, also „pierischer Lorbeer" = Lorbeer der Musen.

Nestor und Tithonus: sprichwörtlich für höchstes Alter. Nestor, König von Pylos, einer der Helden vor Troja, der drei Menschenalter gelebt haben soll. Tithonus, Gemahl der Göttin der Morgenröte Aurora, die ihn zum Himmel entführte und zwar die Unsterblichkeit, aber nicht zugleich ewige Jugend für ihn erbat.

Lucifer, Hesperus: der Morgenstern, Abendstern.

§ 2 *Komödianten:* nach Claudius' Tode, der zunächst geheimgehalten wurde, führte man zum Schein Komödianten in sein Krankenzimmer, als ob er selbst diese Unterhaltung gewünscht hätte[1]).

§ 3 *Das letzte Wort* des Kaisers ist ebenso unflätig wie seine letzte Handlung; als „gewissenhafter Historiker" läßt Seneca die Sache unentschieden, verbürgt aber ihre innere Wahrscheinlichkeit durch sein drastisches Gesamturteil über Claudius' Wirken. Die derbe Anspielung auf den Verlauf der Vergiftung[2]) wirkt besonders boshaft, wenn man beim Kaiserbiographen Sueton[3]) liest, wie geschmackvoll sich Claudius sogar in einem amtlichen Erlaß mit solchen hygienischen Fragen beschäftigt hat.

Kapitel 5

§ 1 Hier beginnt die eigentliche Himmel- und Höllenfahrt des Kaisers. Claudius steht vor der Himmelstür und begehrt Einlaß; vom Aufstieg in die himmlischen Regionen wird nichts erzählt.

§ 2 Die Bemerkungen über Claudius' Gestalt und seine körperlichen Schwächen entsprechen den Nachrichten der Historiker[4]).

§ 3 *Herkules,* der notorische Besieger aller Ungeheuer, ist am weitesten in der Welt herumgekommen, also dazu geeignet, hier Klarheit zu schaffen. Als komische Figur ist er feig und dumm; so erschreckt er zunächst vor dem hinkenden Gang, dem wackelnden Kopf, der verworrenen Stimme und dem drohenden Wesen des Monstrums an der Himmelstür.

§ 4 *Ganz leicht für einen Griechen:* jedes griechische Kind kannte die formelhafte Frage aus der Odyssee. Beim Anhören des Homerverses glaubt Claudius, der Himmel sei voll Gelehrter.

Historische Werke: Die philologisch-historischen Interessen des Kaisers waren allbekannt. Er hatte sich schon als junger Mensch mit Geschichtsschreibung beschäftigt. Die Geschichtswerke, die er — neben anderen Schriften und einer Selbstbiographie — verfaßte, behandelten die Zeit nach Cäsars Er-

---

[1] Sueton Claudius 45.
[2] Tacitus ann. XII 67.
[3] Sueton Claudius 32.
[4] Sueton Claudius 21 gegen Ende, 30. Dio Cassius 60, 2.

mordung und nach den Bürgerkriegen; dazu schrieb er ein etruskisches und ein karthagisches Geschichtswerk in griechischer Sprache. Oft sprach er selbst griechisch; sogar bei Gericht gebrauchte er gern Homerische Verse[1]).

Ilion: Claudius bekam wie die übrigen Kaiser den Namen Cäsar; so betrachtete er wie ein Angehöriger des julischen Geschlechts Äneas als seinen Stammvater und *Ilion* als Heimat seines Geschlechts. Von Ilion kam er zur *Stadt der Kikonen,* d. h. zu den Römern, die Claudius infolge seiner Vorliebe für das Griechische wie Barbaren hinstellt.

Kapitel 6

§ 1 *Fiebergöttin:* offenbar wurde als offizielle Todesursache Fieber angegeben. Das Heiligtum der Fiebergöttin (Febris) stand auf dem Palatin, also auf dem Berge, auf dem Claudius starb. Sie gibt ihm als einzige der römischen Gottheiten das letzte Geleit, denn sie kennt ihn als seine Nachbarin genau; so kann sie, die als keifende und bösartige Alte charakterisiert wird, Herkules über Claudius' Personalien aufklären. Ihre Rede ist gespickt mit Anspielungen auf römisch-gallische Verhältnisse.

Lyon: Claudius wurde im Jahre 10 v. Chr. in Lyon (Lugudunum) geboren[2]), der Hauptstadt des von Cäsar eroberten Galliens; hierhin war seine Mutter Antonia ihrem Gemahl Drusus gefolgt, der mit Verwaltungsgeschäften in Gallien, dann mit dem Krieg gegen die Germanen beschäftigt war. Während er in jenem Jahr gegen die germanischen Chatten (die heutigen Hessen) zu Felde zog, blieb Antonia in Gallien[3]). Lyon war 43 v. Chr. durch den von Cäsar zum Statthalter bestellten L. Munatius *Plancus,* dessen Grabschrift erhalten ist, als Kolonie gegründet worden; so wird Claudius, wenn er auch nur in Lyon geboren war, als „Mitbürger des Plancus" bezeichnet.

Vienne: alte Hauptstadt der Allobroger, damals römische Bürgerkolonie, lag unterhalb Lyons gleichfalls an der Rhone. Die Entfernung von 16 römischen Meilen (= etwa 24 km), die Seneca angibt, stimmt zur heutigen Berechnung.

Ein echter Gallier: da die Gallier einst (um 390 v. Chr. unter Brennus) Rom erobert und verwüstet hatten — welch bösartige Parallele zum verstorbenen Kaiser Claudius!

Licinus, ein geborener Gallier, Sklave und Freigelassener Cäsars, war unter Kaiser Augustus ein berüchtigter Statthalter in Gallien; für seine willkürliche Geldgier ist bezeichnend, daß er noch zwei auf den Dezember folgende Monate erfand, um mehr Abgaben eintreiben zu können[4]). So „herrschte" er dort viele Jahre. Als steinreicher Mann kehrte er nach Rom zurück; sein Name ward sprichwörtlich für einen reichen Freigelassenen[5]).

[1] Sueton Claudius 41 und 42.
[2] Sueton Claudius 2.
[3] Dio 54, 36.
[4] Dio 54, 21.
[5] Juvenal I 109, XIV 306; vgl. Persius II 36, wo er neben Crassus, dem reichsten Manne Roms, genannt wird.

Du aber: Claudius wird angeredet[1]), der eben in dem Homervers Ilion statt Lyon (Lugudunum) als seine Heimat angegeben hat; das wird von der Fiebergöttin schroff zurückgewiesen. Bei seinem Feldzug nach Britannien im Jahre 43 hatte sich der Kaiser „an vielen Orten herumgetrieben": zu Schiff von Ostia nach Marseille, dann — weil er durch schwere Stürme auf dem Meer zweimal in Lebensgefahr geriet — zu Lande bis Boulogne, von da über den Kanal bis an die Themse[2]); die Rückreise wohl durch Deutschland und die Poebene und zuletzt zur See[3]). Der Vergleich mit einem umherziehenden Maultiertreiber ist besonders grob, weil deren Gewerbe zu den verachtetsten gehörte. So erklärt sich auch der folgende Wutausbruch des Kaisers, der sich in unverständlichem Gebrumm und Gesten äußert, um die sich aber niemand kümmert — er ist ja nicht mehr in Rom.

Xanthos und Rhone: am Xanthos lag Ilion, an der Rhone Lyon.

§ 2 *Geste:* er erteilt als hoher Herr nur durch einen Wink seiner zittrigen[4]) Hand den Befehl zur Hinrichtung.

Freigelassene: die Übermacht und die Frechheit der Freigelassenen des Kaisers war allbekannt; „in der Hörigkeit dieser Menschen und seiner Frauen spielte er nicht die Rolle eines Fürsten, sondern eines Dieners"[5]).

Kapitel 7

§ 1 *Der Ort, wo die Mäuse Eisen fressen:* sprichwörtlich für das Märchenland, wo es anders zugeht als im gewöhnlichen Erdenleben und auch das Geringste fürchterlich wird; so will er den furchtsamen[6]) Claudius ängstlich machen.

§ 2 Der komische Herkules, die Parodie des bekannten Helden, hält im pomphaft tragischen Stil und im jambischen Dialogvers des Dramas eine Rede, die voll ist von Anklängen an die Dramen Senecas[7]).

Der dreigestaltige König: der aus drei Leibern bestehende Riese Geryones, dessen Purpurrinder Herkules vom westlichen Ozean zur „Stadt des Inachos" trieb, wie hier die Stadt Argos nach ihrem ältesten König genannt wird. Damals kam er auch über die Stätte des späteren Lyon, eine Höhe, die nach Osten über der Rhone liegt, in die vom Vogesengebirge herab die Saône fließt.

§ 3 *Des Narren Streich:* μωροῦ πληγήν ist eine Parodie von dem bei tragischen Dichtern üblichen θεοῦ πληγήν, „des Gottes Streich"; Herkules fürchtet, daß der Narr ihn im Jähzorn schlägt.

Ein Hahn: witzelndes Wortspiel mit gallus = der Hahn und Gallus = der Gallier; zielt auf die angeblich gallische Herkunft des Claudius.

---

¹ Ich folge an dieser vielumstrittenen und fehlerhaft überlieferten Stelle der Meinung Buechelers; andere — zuletzt Otto Weinreich und C. F. Russo — glauben, Herkules sei angeredet, der als Treiber der Geryonesherde durch Gallien kam.
² Sueton Claudius 17; Dio 60, 21.
³ Plinius III 119.
⁴ Dio 60, 2.
⁵ Sueton Claudius 28 und 29.
⁶ Sueton Claudius 35.
⁷ Von Weinreich, Senecas Apokolokyntosis, S. 75 ff., im einzelnen nachgewiesen.

§ 4 Claudius, der jetzt kleinlaut geworden ist und es mit gütlichem Zureden versucht, will Herkules als *Bürgen* (notor) gewinnen, der ihn persönlich kennt und auf den er sich bei seinem Wunsche, als Gott in den Himmel aufgenommen zu werden, berufen kann; er erinnert ihn an gemeinsames Erleben während seiner geliebten Richtertätigkeit.

In Tibur: dort in den Hallen des Herkulestempels saß Kaiser Augustus sehr oft zu Gericht[1]). Claudius machte es ihm nach; seine Leidenschaft für Gerichtsverhandlungen bekunden zahlreiche Anekdoten[2]). Er übte sie sogar im Juli und August aus, wo wegen der drückenden Hitze eigentlich Gerichtsferien waren. — Auf diese Passion des Kaisers kommt Seneca später im Trauergesang auf Claudius (Kap. 12) und am Ende der Satire zurück.

§ 5 Vor Gericht wurde mit ihm viel Unfug getrieben, und er wurde öffentlich verspottet. Auch schlief er zuweilen am hellen Tage bei Gerichtssitzungen ein, so daß ihn die Advokaten kaum durch ihre laute Stimme aufwecken konnten[3]). —

Mitten im Satze bricht der Text ab, offenbar war in der Handschrift mindestens ein volles Blatt ausgerissen. Es enthielt den Schluß der Rede des Claudius, dessen unverständliche Beredsamkeit hier gewiß reichlich karikiert wurde, und den Beginn der Szene im Himmel: Claudius hat offenbar Herkules dazu gewonnen, ihn in die Versammlung der olympischen Götter einzuführen. Herkules hat also wohl den ausführlich motivierten Antrag gestellt, seinen Schützling Claudius als künftigen Gott in den Himmel aufzunehmen, und erregt damit allgemeine Entrüstung. Es entwickelt sich eine leidenschaftliche Diskussion im Beisein des Claudius; mitten in der Rede eines der Götter, der den Antragsteller Herkules kräftig anfährt und sich g e g e n Claudius' Aufnahme in den Himmel wendet — sein Name ist nicht mehr erhalten —, setzt der Text wieder ein.

Kapitel 8

§ 1 Ein Gott nach Epikur kann der tote Kaiser nicht werden, denn während Claudius hier selbst ein Anliegen hat und andere damit quält, führten die Götter nach Epikurs Auffassung das selige Dasein eines epikureischen Weisen: sie tun selbst nichts für die Menschen, und auch diese brauchen sich nicht um sie zu kümmern; das ist der Sinn der hier zitierten Worte, die von Epikur stammen[4]). Noch weniger kann er ein stoischer Gott werden; die Stoiker suchten die Gottheit im „vernunftbegabten, r u n d e n, kreisenden"[5]) Universum und bezeichneten die Vermenschlichung der Gottheit als Kinderei, Claudius aber hat ja Menschengestalt, wenn er auch — wie boshaft hinzugefügt wird — darin wenigstens einem stoischen Gotte gleicht, daß er „weder Kopf noch Herz" hat. Die scherzhafte Formulierung des stoischen Gottesbegriffes, veranlaßt durch die gewöhnlich nur mit Kopf und Phallos

---

[1] Sueton Augustus 72.
[2] Sueton Claudius 14 und 15.
[3] Sueton Claudius 15 und 33.
[4] Bei Diogenes Laertios X 139, übersetzt von Cicero, de natura deorum, I 17 45.
[5] Cicero, de natura deorum, I 8, 18.

versehenen Hermen, stammt offenbar aus einer Satire des Römers Varro, des großen Gelehrten und sehr vielseitigen Schriftstellers aus dem letzten vorchristlichen Jahrhundert.

§ 2 Zum Gottwerden ist Protektion nötig; aber auch die Fürsprache von Saturn und Jupiter, den Götterkönigen der alten und neuen Zeit, ist nicht zu erwarten (höchstens vom dummen Herkules wird Claudius unterstützt). Bei Saturn ist dies doppelt erstaunlich, denn Claudius feierte während des ganzen Jahres durch üppiges und ausschweifendes Leben, durch Zechen und Spielen das Fest des Saturn; auch hatten in seinem Hause das Gesinde und die Freigelassenen das ganze Jahr — und nicht nur, wie üblich, an den Saturnalien — die größte Freiheit und konnten die Herren spielen. Saturns Monat ist der Dezember, dessen Hauptfest — unserem Weihnachtsfest entsprechend — die Saturnalien sind.

Auch auf Jupiters Fürsprache kann Claudius nicht rechnen, denn er machte ihn sich durch eine Beschuldigung der Blutschande zum Feind; dadurch, daß er seinen Schwiegersohn Silanus zum Tod verurteilte, der einer verbrecherischen Liebe zur eignen Schwester beschuldigt wurde. Was dem Silanus seine schöne Schwester war, das war dem Jupiter seine Schwester Juno; wenn Claudius jenen wegen Blutschande verurteilte, so richtete sich also dies Urteil gegen Jupiter selbst. Silanus war ursprünglich der Verlobte von Claudius' Tochter Octavia, also des Kaisers Schwiegersohn. „Venus" wurde Silanus' Schwester von allen wegen ihrer Reize genannt, „Juno" wollte Silanus sie als seine Gemahlin nennen.

§ 3 „*Warum auch grade seine Schwester*", fragt Claudius in seiner täppischen Art, und wird durch eine Verteidigung jener unerlaubten Ehe kurz und grob („du Dummkopf") zurückgewiesen, nämlich durch Berufung auf die Sitte anderer Völker: „in Athen ist es halb erlaubt, in Alexandria ganz", d. h. in Athen darf man die Halbschwester heiraten (wie es Kimon tat), in Alexandria (Ägypten) war Geschwisterehe bei den Ptolemäern durchaus üblich. Nach der Abschweifung über Silanus, mit der die Verärgerung Jupiters und die Unmöglichkeit von dessen Fürsprache begründet wird, wendet sich der redende Gott wieder zum eigentlichen Thema: Claudius' Aufnahme in den Himmel. Die Bedeutung des Sprichwortes „Die Mäuse lecken die Mühlsteine" ist uns nicht klar; gemeint ist wohl: a u c h in Rom lecken die Mäuse — wie überall — die Mühlsteine ab, die ihnen mit ihrem Mehl begehrenswertes Futter bieten, d. h. auch in Rom lebt man so wie überall, auch in Rom wird nur mit Wasser gekocht, und deshalb soll uns der Mann aus Rom willkommen sein[1]). Jedenfalls liegt hier ein Argument vor, das Herkules zugunsten seines Klienten vorbringt. Dagegen sagt der redende Gott, den nichtssagenden Beweis des dummen Herkules zurückweisend: soll er uns deshalb hier etwas nützen, „das Krumme gerade machen?" Dieser Mensch, der nicht einmal über die Vorgänge in seinem Schlafzimmer, über das schamlose

---

[1] Diese schwierige Stelle ist sehr verschieden erklärt worden; ich schließe mich der Deutung an, die Otto Weinreich im Anschluß an die ihm persönlich mitgeteilte Auffassung von G. Wissowa gibt. — Oder soll es heißen: in Rom lecken sogar die Mäuse nur das Feinste, nämlich Mehl; er kommt also aus einer besonders feinen Gegend?

Treiben seiner Frau Messalina[1]), Bescheid weiß, der soll nun gar „des Himmels Winkel durchsuchen", wie der Gott, der offenbar ein guter Literaturkenner ist, mit einem bekannten Vers des altrömischen Dichters Ennius sagt.

Britannien: in der Hauptstadt Britanniens, dessen südlicher Teil durch seine Generale im Jahre 43 und den folgenden Jahren erobert und zur römischen Provinz gemacht wurde, errichtete man gewiß „dem göttlichen Claudius" (divo Claudio) einen Tempel, der als religiöser Mittelpunkt für die Provinzialen dienen sollte.

Eines Trottels Gnade: μωροῦ (Trottel) ist in dieser Gebetsformel natürlich (wie Kap. 7, § 3) abgeändert aus dem ursprünglichen ϑεοῦ (Gott).

Kapitel 9

§ 1 In einer Pause beruft sich Jupiter, der Vorsitzende dieses Göttersenats, auf die Geschäftsordnung, nach der keinesfalls in Gegenwart eines Fremden debattiert und abgestimmt werden darf; Claudius wird also hinausgeschickt. Jupiters Bemerkung ist recht derb; „mapalia" sind eigentlich korbähnliche Hütten afrikanischer Nomaden (in der Übersetzung muß das natürlich umgestaltet werden). Nun beginnt der zweite, wichtigere Teil der Götterversammlung, die geordnete Einbringung der motivierten Anträge. Nach dem vorausgegangenen Geplänkel folgen drei Reden, eine ablehnende, eine befürwortende, eine ablehnende in wirksamer Steigerung, gehalten von Janus, Diespiter und dem zum Gott erhobenen Augustus.

§ 2 Nach Geschäftsordnung des römischen Senats werden die vorausbestimmten (designierten) Konsuln zuerst gefragt; an der Spitze der „*Vater Janus*", der fürs nächste Jahr zum Ersatzkonsul (consul suffectus) gewählt war, und zwar für den 1. Juli — also nur für die zweite Hälfte des Jahres, darum spöttisch als „Nachmittagskonsul" bezeichnet; dies alte Ehrenamt war unter den Kaisern völlig einflußlos geworden, bedeutete nur noch eine äußere Ehrung, die gelegentlich nur für wenige Tage erwiesen wurde. Janus macht den Anfang, denn er ist der Gott des Eingangs (ianua = Haustür), der über allen Anfängen waltet, dem auch der erste Monat (Januarius) heilig ist. Münzen und Bilder zeigen ihn als Doppelkopf, darum schaut er — wie der Alte im zitierten Homervers — „vorwärts zugleich und rückwärts". Er lebt immer auf dem Forum; dort steht der Janusbogen, dort sein Haupttempel; wer dort lebt, muß auch redegewandt sein und verschmitzt wie ein Advokat. Der *notarius*, der „Parlamentsstenograph", kann seiner Zungenfertigkeit nicht folgen, darum gibt der „gewissenhafte Historiker" den allgemeinen Inhalt der Rede an und zitiert dann nur den Antrag in seinem Wortlaut. Janus redet infolge seines Alters — er gilt als ältester aller Götter — und seines Ranges den Göttern ins Gewissen: Claudius' Gesuch ist abzulehnen.

§ 3 *Da: reine Affentheater*: im Lateinischen steht „fabam mimum", d. h. das Bohnenspiel, wohl sprichwörtliche Bezeichnung für ein nichtiges, lächerliches Spiel, eine Narrenposse[2]).

---

[1] Sueton Claudius 29.
[2] Cicero ad Att. I 16, 13.

Furien: lateinisch „Larvae", nach römischem Volksglauben die Rache-
geister der Unterwelt, die die Verstorbenen peinigen; die Schergen des
Götterstaates, denen der Verbrecher übergeben wird. Daneben die ent-
ehrendste Strafe in ehrloser Gesellschaft: Auspeitschung unter den neuer-
worbenen Gladiatoren; angedroht für etwaige Übertretung des Gebotes, nie
wieder einen Menschen (ausgedrückt durch zwei Homerzitate) zum Gott
zu machen.

§ 4 *Diespiter*: nicht zu verwechseln mit Jupiter, dem dieser Name von Dichtern
oft beigelegt wird, sondern ein obskurer, im Kult völlig zurücktretender
Gott, in derbem Spott wie einer der kaiserlichen Freigelassenen gezeichnet:
käuflich, geschäftstüchtig, mit römischen Bürgerrechten Handel treibend; er
wittert, auf Claudius' Erkenntlichkeit spekulierend, einen Profit und gibt
ein günstiges Votum für Claudius ab. Ebenso unbekannt ist seine Mutter
Vica Poca, eine altitalische Göttin des Sieges und des Erfolges (von Cicero[1])
„a vincendo potiundo", vom Siegen und Gewinnen, erklärt).
Zupfen am Ohr: eine freundliche Mahnung durch Herkules; das Ohr gilt als
Sitz des Gedächtnisses[2]).

§ 5 Die ersten zwei Redner im Götterrat, Janus und Diespiter, sind kräftig kari-
kiert, im schärfsten Gegensatz zum dritten, dem „divus Augustus", dem
Ideal vergangenen Kaisertums (dem dann Nero, damals noch die leuch-
tende Hoffnung der Zukunft, gegenübertritt; zwischen beiden der Trottel
Claudius). Der zweite Redner, Diespiter, muß natürlich als höchst sonder-
bares Subjekt hingestellt werden; er ist ja als einziger mit der unmöglichen
Aufgabe belastet, Fürsprecher eines Claudius zu sein und sein Gesuch um
Aufnahme in den Götterhimmel zu befürworten! Als fragwürdige Gründe
bringt er drei vor: 1. Claudius' vornehme hochfürstliche Verwandtschaft,
2. seine überragende „Gescheitheit", 3. seine altväterische frugale Lebensweise; er wird im Interesse des Staates, wie in uralten Zeiten Romulus, ein
bäurisch genügsamer Rübenfresser sein. Auch Roms sagenhafter Gründer
Romulus. nach seinem Tode zum Gott erhoben, setzte unter den Unsterb-
lichen seine einfache Lebensweise fort, für die die Rübenkost bezeichnend
ist[3]). Das Zitat „glühheiße Rüben verschlucken" (im Lateinischen Ende
eines Hexameters) stammt von einem älteren Dichter, vielleicht vom Satiriker Lucilius.
Mit Augustus war Claudius nicht durch seinen Vater Drusus blutsverwandt
(denn der war durch Augustus' Vermählung mit Livia nur dessen Stief-
sohn), wohl aber durch seine Mutter Antonia, die Nichte des Augustus.
Seine Großmutter, die „göttliche Augusta" (diva Augusta) Livia, die Mutter seines Vaters Drusus, hatte Claudius selbst am Anfang seiner Regierung
geehrt und zur Göttin (diva) gemacht[4]).

---

[1] Cicero de legibus II 11, 28.
[2] Vgl. Horaz sat. I 9, 77; das Symbol wird erläutert durch Plinius XI 251:
est in aure ima memoriae locus, quem tangentes antetestamur (im innersten
Ohr ist der Sitz des Gedächtnisses; durch seine Berührung rufen wir zum
Zeugen).
[3] Martial XIII 16.
[4] Dio Cassius 60, 5.

Am peinlichsten und frechsten wirkt die Begründung, daß Claudius „alle Menschen weit übertrifft an Gescheitheit". Als der neue Kaiser Nero am Tage von Claudius' Bestattung die feierliche Leichenrede hielt, die Seneca selbst, der Meister des Stils und ehemalige Prinzenerzieher, ausgearbeitet hatte, und als er nach allerhand politischen und wissenschaftlichen Leistungen auch die „Umsicht und Weisheit" (providentia et sapientia) des Toten rühmte, konnte sich — wie Tacitus[1]) berichtet — keiner der Zuhörer trotz der ernsten Situation das Lachen verkneifen. Die zeitgenössischen Leser oder Hörer werden diese Erinnerung mit besonderem Vergnügen genossen haben. Ein feiner Trumpf ist auch die literarische Anspielung am Schluß der Rede: Ovid hatte in seinen Metamorphosen die Vergötterung von Romulus und Cäsar besungen und zum Schluß die des Kaisers Augustus angekündigt; dazu soll nun auch die Gottwerdung des Claudius literarisch fixiert werden.

§ 6 Um den Abstand von der folgenden Rede des Augustus hervorzuheben, die eine ganz andere Wucht und Bedeutung hat und den entscheidenden Erfolg bringt, hören wir hier von einem gewissen Eindruck der Worte Diespiters und sehen die komisch geschäftige Stimmungsmacherei von Herkules; sowie sich Augustus, der wahre princeps senatus, in seiner königlichen Würde erhebt, beginnt eine andere Luft zu wehen.

Kapitel 11

§ 1 und 2. Während sich Augustus bisher jeden Parlamentsgeschwätzes enthalten hat, reißen ihn nun Entrüstung und Scham aus seiner Zurückhaltung heraus; er sieht sein Lebenswerk bedroht: Schaffung eines langen Friedens, Beendigung der Bürgerkriege, Gründung neuer Gesetze, Ausbau der Stadt Rom — das sind die großen Leistungen, deren er sich in seiner stolzen Selbstbiographie rühmt[2]). Drastisch genug kleidet er sein Entsetzen in einen Ausruf, mit dem ihn einer seiner bedeutendsten Zeitgenossen einmal selbst verletzt hat: der große Redner und Staatsmann *Messala Corvinus*, der im Jahre 25 v. Chr. erster Stadtpräfekt wurde und „nach wenigen Tagen die Entlassung aus diesem Amt erhielt, als wisse er es nicht zu verwalten"; er hat vielleicht damals mit der hier zitierten Äußerung seinem Mißmut gegen das neue Amt eines „Oberwachtmeisters" Luft gemacht (er sollte — nach Tacitus — die Sklaven und solche Bürger im Zaume halten, die aus frechem Übermut zum Aufruhr geneigt waren, wenn sie keine Gewalt zu fürchten brauchten[3])).

§ 3 Augustus spricht lieber nicht vom „öffentlichen Jammer", sondern vom „Leid im eignen Hause", denn „näher als die Wade ist das Knie", wie er — seiner Gewohnheit[4]) nach — im griechischen Zitate sagt; es entspricht unserem Sprichwort „Das Hemd ist mir näher als der Rock". Damit hebt Seneca die bekannte und oft erwähnte eifrige Sorge des Augustus für die eigne Familie hervor, seinen Schmerz über Unglücksfälle, seinen Zorn über

---

[1] Tacitus ann. XIII 3.
[2] Monumentum Ancyranum 1, 4; 2, 13; 5, 25; 1, 3; 6, 34; 1, 8; 4, 19 ff.
[3] Tacitus ann. 6, 11.
[4] Sueton Augustus 89.

Schändlichkeiten im eignen Hause. Warum versteht seine Schwester nichts davon? Weil die von ihm sehr geliebte Octavia die im Sprichwort genannte Lebensregel, lieber an die eigne Sache als an eine fremde zu denken, nicht kannte oder doch nicht befolgte, da sie mit großer Selbstverleugnung ihr eignes und ihrer Kinder Lebenslos den Plänen und Interessen ihres Bruders, des Kaisers, zum Opfer brachte[1]).

§ 4 *Kaisernamen:* der volle Name des toten Kaisers hieß: Tiberius Claudius Caesar.

Zwei Julien: beide fielen durch die Eifersucht der Kaiserin Messalina. Die eine war Tochter des Drusus, des Sohnes des Tiberius, also Urenkelin des Augustus; sie wurde im Jahre 43 angeklagt und hingerichtet.[2]) Die andere Julia war Tochter des Germanicus und, da dieser durch Adoption Tiberius' Sohn und Augustus' Enkel war, gleichfalls eine Urenkelin des Kaisers Augustus; sie wurde im Jahre 41 verbannt (zusammen mit Seneca, der als Genosse ihrer Ausschweifungen galt), und starb bald darauf den Hungertod[3]).

Lucius Silanus: seine Mutter war Aemilia Lepida, eine Tochter der jüngeren Julia, der Tochter des Agrippa und der ältern Julia, der einzigen Tochter des Augustus — so war also Lucius Silanus Augustus' Urenkel mütterlicherseits.

In einer üblen Sache: eingeflochtene Bemerkung über Silanus' Prozeß; dessen Verurteilung wegen blutschänderischen Umgangs mit seiner Schwester trifft zugleich den Jupiter, der durch Vermählung mit seiner Schwester Juno das Gleiche beging (siehe zu Kap. 8, § 2). So wird Jupiter raffiniert zum Richter darüber aufgerufen, ob die Klage gegen Silanus wirklich ein strafwürdiges Verbrechen betraf.

Claudius' hier und auch sonst oft betonte Parteilichkeit und die Ungerechtigkeit seiner Urteile, seine Gewohnheit, den Beschuldigten keine Gelegenheit zur Verteidigung zu geben, wird durch geschichtliche Tatsachen bestätigt[4]).

Kapitel 11

§ 1 Als Hephaistos (Vulkan) seiner Mutter Hera gegen den Vater Zeus beistehen wollte, warf ihn dieser aus dem Himmel, so daß er auf der Insel Lemnos niederstürzte und ein Bein brach; der hier zitierte Homervers[5]) enthält Hephaistos' eigene Worte im Gespräch mit der Mutter.

Ein andermal hängte Zeus aus Zorn über die Nöte, die seinem Sohn Herkules durch Hera entstanden, die Göttin im Äther auf, beschwerte ihre Füße mit zwei Ambossen und band ihre Arme mit goldenen Fesseln[6]).

---

[1] Ich folge hier der Auffassung Buechelers. Die Stelle ist ganz unklar und schwer verständlich, da anstelle des in den Handschriften überlieferten „sormea" willkürlich eingesetzt wurde „soror mea" (meine Schwester). Graece (griechisch) wurde in der Übersetzung zu Sprichwort gezogen; denn daß Augustus' Schwester Octavia kein Griechisch verstanden haben soll (was es eigentlich heißt), ist unwahrscheinlich.
[2] Dio 60, 8; Tacitus ann. XIII, 43.
[3] Sueton Claudius 29.
[4] Sueton Claudius 29.
[5] Homer Ilias I 591.
[6] Homer Ilias XV 18 ff.

Messalina, Claudius' Gattin, hatte väterlicher- und mütterlicherseits Octavia zur Urgroßmutter und deren Bruder Augustus zum Großonkel; Claudius hatte durch seine Mutter, die jüngere Antonia, jene Octavia zur Großmutter, also gleichfalls Augustus zum Großonkel.

Ich weiß von nichts: als man dem tafelnden Kaiser Claudius meldete, seine Frau Messalina sei ums Leben gekommen, fragte er nicht, sondern ließ sich den Becher geben und hielt sein Trinkgelage wie sonst[1]). Als Beweis für des Kaisers „Entrücktheit" *(μετεωρία)* und „Zerstreutheit" *(ἀβλεψία)* erzählt der Kaiserbiograph Sueton[2]), nach der Ermordung Messalinas habe sich Claudius zu Tisch niedergelassen und gefragt: „Warum kommt die Kaiserin nicht?"

§ 2 *Schwiegervater:* der Kaiser Caligula veranlaßte seinen Schwiegervater Silanus, einen altadligen Römer, der zur Zeit des Tiberius ein einflußreicher Konsular war, sich mit einem Rasiermesser die Kehle zu durchschneiden[3]). *Schwiegersohn:* Claudius tötete außer dem Schwiegervater Appius Silanus[4]) auch seinen Schwiegersohn Lucius Silanus, der einer verbrecherischen Liebe zu seiner eignen Schwester beschuldigt wurde (s. Kap. 8, § 2).

Crassus: Caligula nahm Leuten von vornehmstem Adel die alten Abzeichen ihrer Familien; einem Crassus, der sich Gnaeus Pompeius Magnus genannt hatte, verbot er die Führung des Beinamens „Magnus" (der Große)[5]). Dieser Gnaeus Pompeius Magnus war mit Antonia, der älteren Tochter des Claudius, vermählt, wurde aber auf Anstiften Messalinas getötet[6]). Wahrscheinlich schloß sich damals die Hinrichtung von M a g n u s' Eltern, des M. Licinius C r a s s u s Frugi und der S c r i b o n i a, und anderer aus demselben Hause an; alles waren Leute, die altem Adel angehörten.

Herrschen: dazu war er berufen nach dem im 1. Kapitel erwähnten Sprichwort „zum König oder zum Trottel müsse man geboren sein"; Crassus Frugi war offenbar ein Trottel und war darum dem Claudius (wie Augustus nachher in seinem Antrag, § 5, sagt) „so ähnlich wie ein Ei dem anderen".

§ 3 Nach all den erzählten Gewalttaten ist Claudius der Aufnahme in den Himmel nicht würdig; dazu kommt nun noch ein Hinweis auf seine körperlichen Mängel: er wurde ja als „Mißgeburt von einem Menschen"[7]) bezeichnet (s. Erläuterung zu Kapitel 1, § 1), und er hatte den Zungenschlag, so daß er die drei Worte der üblichen richterlichen Formel „do, dico, addico" (die drei Handlungen des römischen Prätors bezeichnend: „ich gebe, ich sage es, ich spreche zu") nicht ohne Stottern aussprechen konnte.

§ 4 Nach all den in gewaltiger Steigerung vorgebrachten Argumenten, die des Augustus gekränkte Würde, Besorgnis um seinen Staat, Verachtung, Zorn und bitteren Hohn zeigen, schließt seine Rede, gewiß der Höhepunkt der ganzen Satire, mit dem schriftlich fixierten, juristisch genau formulierten

---

[1] Tacitus ann. XI 38.
[2] Sueton Claudius 39.
[3] Sueton Caligula 23.
[4] s. Erläuterung zu § 5.
[5] Sueton Caligula 35.
[6] Sueton Claudius 29.
[7] Sueton Claudius 3.

Antrag, den Claudius aus dem Himmel zu weisen. Es war üblich, alle Dekrete, Urteile und Anträge aufzuzeichnen und vom Blatt zu verlesen; Augustus tut dies hier um so eher, weil er zu Lebzeiten alle wichtigen Entscheidungen und Reden vorher schriftlich niederzulegen pflegte — sogar die wichtigeren Gespräche mit seiner Frau Livia führte er (nach Suetons Behauptung) nur nach schriftlichen Aufzeichnungen in seinem Notizbuch, um nicht aus dem Stegreif zu viel oder zu wenig zu sagen[1])!

§ 5 *Schwiegervater:* Appius Silanus war der Stiefvater von Claudius' Frau Messalina, also der Schwiegervater des Kaisers; er fiel 42 n. Chr. der Tücke Messalinas, deren Lüsten er widerstand, und des Freigelassenen Narzissus zum Opfer; durch eine dumme Komödie, die Sueton[2]) ausführlich erzählt, wurde der abergläubische Kaiser überrumpelt. — Magnus Pompeius, Lucius Silanus, Crassus Frugi und Scribonia[3]) sind Verschwägerte des Augustus, dessen Politik sich wesentlich auf Erweiterung seines Hauses durch Heiraten stützte; außer ihnen nennt er nur seine Frau Messalina, die er wegen ihrer Schandtaten hinrichten ließ[4]). Die übrigen von ihm ermordeten Verwandten gehören zu den „vielen anderen, deren Zahl sich nicht ermitteln läßt".

Die Strafe soll nach Augustus' Antrag sofort vollstreckt werden; mildernde Umstände oder Verteidigung vor Gericht werden nicht bewilligt. Die Unterscheidung zwischen der Entfernung vom Olymp und aus dem Himmel entspricht dem in römischen Gerichtsbeschlüssen bestimmten Endtermin, bis zu dem der Landesverwiesene erst Rom und dann Italien zu verlassen hatte.

§ 6 *Merkur* übernimmt nach der Annahme von Augustus' Antrag die Abführung des Claudius; er ist der viator („Amtsbote") der Götter und vermittelt als ψυχοπομπός (Geleiter der abgeschiedenen Seelen) den Verkehr mit der Unterwelt; dabei benutzt er hier den üblichen Handgriff („beim Kragen"), mit dem ertappte oder verurteilte Verbrecher abgeführt werden.

Der Catullvers stammt aus dem zierlichen Beileidsgedicht, das Catull der geliebten Lesbia beim Tode ihres Vögleins sendet (carm. 3, 12)!

Kapitel 12

§ 1 Als Weg vom Himmel zu dem später[5]) genannten Unterweltseingang dient die *Heilige Straße*, die Claudius und Merkur, aus der Höhe kommend, in doppeltem Sinne niedersteigen, denn sie senkt sich nach dem Forum zu. Dort sieht Merkur den über das Forum ziehenden feierlichen Leichenzug[6]) des Claudius — so erlebt Claudius seine eigene Leichenfeier und hört die Totenklage mit an!

§ 2 Die Advokaten (causidici), als deren Vertreter ein uns unbekannter Agatho

---

[1] Sueton Augustus 84.
[2] Sueton Claudius 37; Dio 60, 14.
[3] Näheres über sie siehe zu § 2.
[4] Sueton Claudius 26.
[5] Kapitel 13, § 1.
[6] Nero spielte bei Beginn seiner Regierung der Öffentlichkeit kindliche Pietät vor: so richtete er für Claudius ein prächtiges Leichenbegängnis her, hielt auf ihn eine rühmende Rede und versetzte ihn unter die Götter. Sueton Nero 9.

genannt wird, hatten Grund, Claudius' Tod von Herzen zu beklagen, denn die Beschränktheit und Willkür des Kaisers hatte das schamlose Treiben dieser käuflichen Ankläger und Verteidiger begünstigt[1]); sein Nachfolger Nero verhieß beim Regierungsantritt strenge Gesetzlichkeit und ließ den Senat beschließen, niemand dürfe sich durch Geld oder Geschenke zur Übernahme eines Prozesses erkaufen lassen[2]).

Den Advokaten treten die während Claudius' Regierung unterdrückten wirklichen Juristen (iurisconsulti) gegenüber, für deren Rechtskenntnis bei einer so parteilichen und eigenmächtigen Rechtspflege kein Platz war.

Saturnalien: ein im Dezember zu Ehren des alten Gottes Saturnus gefeiertes mehrtägiges Fest, bei dem ausgelassene Fröhlichkeit herrschte, die Sklaven von ihren Herren bedient wurden und man sich gegenseitig beschenkte.

§ 3 Ein Trauerlied (naenia) wurde, von Flöten begleitet, beim Leichenzug zur Verherrlichung des Verstorbenen gesungen; es begann auf dem Forum (Z. 6) nach der Leichenrede. Diese Nänie ist der dritte formale Höhepunkt der Satire; während sich in dem epischen Loblied auf Nero (Kap. 4) und in der großen Rede des Augustus (Kap. 10) alles Strahlende der Kaiseridee sammelt, die Verkörperung des Ideals der Vergangenheit und die erhoffte für die Zukunft, steht hier die in bitterer Ironie durchgeführte tödliche Verhöhnung des gestorbenen Kaisers Claudius, neben Vergangenheit und Zukunft die eben abgeschlossene Gegenwart, ein Bild der Entartung. Dies Trauerlied schließt das Zwischenspiel auf Erden.

Fast zu jedem faustdick aufgetragenen Lob von Claudius' Eigenschaften ergibt sich aus den früheren Kapiteln das wirkliche Gegenteil: so etwa seine Dummheit, sein langsamer hinkender Gang, seine zitternde Hand, seine parteiischen Urteile. Gerühmt werden — dem Schema des Totenlobs entsprechend — seine geistigen und körperlichen Eigenschaften, seine Taten im Krieg auf östlichen und nordwestlichen Kriegsschauplätzen, seine Taten im Frieden, bedeutsam abgeschlossen durch den Vergleich mit dem Totenrichter Minos. Die übliche Tröstung der Hinterbliebenen fehlt; jeder freut sich ja über seinen Tod! Dafür gilt die letzte Aufforderung zur Klage dem Advokatenpack, den Modepoeten und Würfelspielern, die dem Kaiser zu besonderem Dank verpflichtet waren.

Das ganze Trauerlied ist nicht nur krasse Ironie, sondern zugleich auch eine Parodie auf die Chorlieder in Senecas Dramen[3]).

Z. 11—16: Durch Einfall der Parther in Armenien entstanden während Claudius' Regierung Kämpfe in den nächsten römischen Provinzen; erst nach Neros Regierungsantritt zogen die Parther vorläufig aus Armenien ab[4]). Perser und Meder werden von den Dichtern oft neben und gleichbedeutend mit den Parthern genannt.

---

[1] Tacitus sagt (ann. XI 5): „Keine Staatsware war so käuflich wie die Treulosigkeit der Advokaten."
[2] Tacitus ann. XIII 5.
[3] Von Weinreich, Senecas Apokolokyntosis, S. 113 ff., im einzelnen nachgewiesen.
[4] Tacitus ann. XII 44—51; XIII 7.

Z. 17—20: Zum ersten Male nach Cäsars bekannten Englandzügen (55 und 54 v. Chr.) unternahm Claudius eine Fahrt nach Britannien „und unterwarf ohne Schwertstreich und Blutvergießen binnen weniger Tage einen Teil der Insel[1]“; das war seine bedeutendste außenpolitische Leistung. Nach diesem Feldzug feierte er im Jahre 44 einen großen und verdienten Triumph[2]); später stellte er den ausgelieferten Britenfürsten dem römischen Volke zur Schau[3]). Die *Briganten* (Z. 19), ein Stamm im nördlichen England, waren schon unter Claudius an den Kämpfen mit den Römern beteiligt, wurden aber erst später unter Kaiser Vespasian unterworfen[4]); Seneca übertreibt hier natürlich absichtlich.

Z. 21 f.: Zur Erinnerung an die Fahrt nach Britannien ließ Claudius am Giebel seines Hauses auf dem Palatin eine Schiffskrone (navalem coronam) anbringen „als Symbol des von ihm befahrenen und dadurch gleichsam gebändigten Ozeans“, wie Sueton[5]) berichtet. Die Unterjochung des Ozeans war ein immer wiederkehrendes Motiv in der Schilderung der britannischen Expedition.

Z. 28: Einem solchen Richter wird Minos, der berühmte Totenrichter der Unterwelt, der zu Lebzeiten in Kreta ein großes Reich beherrschte, sofort seinen Platz abtreten.

Z. 2—5: Die Leidenschaft des Kaisers für Rechtsprechung[6]) und Würfelspiel[7]) ist bekannt; warum wird auch „das junge Dichtervolk“ zur Trauer aufgefordert? Claudius war für die schönen Künste begeistert; er ließ seine eigenen Schriften beständig rezitieren[8]) und hat darum gewiß auch die Vorlesungen der neuen Dichter mit Vergnügen angehört.

Kapitel 13

§ 1 *Talthybius* ist der Bote Agamemnons und der Griechen vor Troja[9]); so wird hier scherzhaft der Götterbote Merkur bezeichnet.

Vom Forum wird Claudius über das Marsfeld bis zur Via Tecta an dessen Nordende geschleppt; diese Gegend war wegen ihrer vulkanischen Natur den unterirdischen Göttern geweiht und bildete deshalb, wie häufig derartige Örtlichkeiten, im Volksglauben einen Eingang zur Unterwelt.

§ 2 *Narcissus*, ein Emporkömmling, der als mächtiger Freigelassener des Kaisers Claudius und sein Kabinettssekretär in Rom gewaltigen Einfluß hatte, ward vor der Vergiftung des Kaisers zu einer Kur nach Sinuessa (an der Grenze von Latium und Kampanien) geschickt, um dort in den warmen Bädern wegen seiner Gichtbeschwerden eine Kur zu brauchen[10]); nach Claudius'

---

[1] Sueton Claudius 17.
[2] Dio 60, 23.
[3] Tacitus ann. XII 36 f.
[4] Tacitus Agricola 11.
[5] Sueton Claudius 17.
[6] s. Kapitel 7, § 4 und 5; Sueton Claudius 14 und 15.
[7] Claudius war begeisterter Würfelspieler, hat nach Sueton (Claudius 33) sogar eine Schrift darüber verfaßt.
[8] Sueton Claudius 40 und 41.
[9] Homer Ilias I 320, III 118, VII 276.
[10] Tacitus ann. XII 66.

Tode wurde er schleunigst umgebracht[1]). Da er nicht wie Claudius den Um-
weg über den Himmel macht, kommt er „auf kürzerem Wege" in die Unterwelt und empfängt am Eingang den Kaiser „blitzsauber, frisch vom
Bade" — er kommt ja direkt von seiner Kur in Sinuessa.

§ 3 *Cerberus*, der Höllenhund, wird bei den lateinischen Dichtern meist drei-
köpfig dargestellt, bei Hesiod hat er 50, hier — wie bei Horaz — 100 Köpfe.

§ 4 *Wir fanden ihn, nun freun wir uns:* Claudius' Kommen wird bei der Anmeldung
durch Narcissus mit dem Jubelruf begrüßt, mit dem beim Isisfest im No-
vember die Gläubigen den verlorenen, lange gesuchten und wiedergefun-
denen Gemahl Isis, Osiris, willkommen hießen.

§ 4—5 In Prozession ziehen dem Kommenden toten Kaiser die Schatten der
von ihm Ermordeten entgegen, deren Tod beim Sturze seiner Frau Messalina das Werk des Narcissus gewesen war; es sind also nicht blasse Typen,
sondern alles allbekannte historische Persönlichkeiten der jüngsten Vergangenheit, die hier in dem phantastischen Rahmen auftreten[2]): Gaius
Silius, der Buhle Messalinas und später ihr förmlich angetrauter Gemahl;
Polybius, des Kaisers „Hofgelehrter, der oft die Ehre genoß, zwischen zwei
Konsuln spazieren zu gehen"[3]); ferner bekannte Schauspieler, ehemalige
Konsuln, Ritter. „Freunde" des Kaisers, d. h. in den Rat oder an den Hof
berufene Senatoren, und andere vornehme Männer aus Claudius' Regierungszeit. Dazu seine Verwandten: seines Bruders Tochter ist Julia,
die Tochter des Germanicus; seiner Schwester Tochter: Julia, Tochter
der Livia von Drusus, seine Schwiegersöhne: Silanus[4]) und Pompeius
Magnus[5]); seine Schwiegerväter: Appius Silanus[6]) und Crassus Frugi[7]);
seine Schwiegermutter: Domitia Lepida, die Mutter seiner Frau Messalina[8]). Seine Blutsverwandten sind diese alle, weil sie mit dem Hause
des Augustus — ebenso wie Claudius selbst — verwandt waren.

§ 6 *Pedo Pompeius* war einer der vorher genannten „Freunde" des Kaisers, ein
ehemaliger Konsul; dessen Rede bereitet den Szenenwechsel vor, das
Totengericht. So muß Claudius, der auf Erden leidenschaftlich gern
den Richter gespielt hatte, nach seiner Aburteilung im Himmel auch noch
eine Gerichtssitzung in der Unterwelt über sich ergehen lassen; ihre beson-
dere Pointe liegt darin, daß das von Claudius geübte höchst einseitige Verfahren auf den gerechtesten aller Richter, den Totenrichter Aeacus, über-
tragen wird.

Kapitel 14

§ 1—2 Das Totengericht bekommt durchaus zeitgeschichtliches Kolorit: die
Totenrichter sind wie römische Prätoren gedacht, und ein formales Rechts-

[1] Tacitus ann. XIII 1.
[2] Tacitus ann. XI 35 und 36 nennt die meisten.
[3] Sueton Claudius 28: Polybius a studiis, qui saepe inter duos consules ambulabat.
[4] siehe zu Kapitel 8, § 2.
[5] siehe zu Kapitel 11, § 2.
[6] siehe zu Kapitel 11, § 5.
[7] siehe zu Kapitel 11, § 2 (er war eigentlich „consocer", der Schwiegervater
seiner Tochter Antonia).
[8] Tacitus ann. XI 37, XII 64.

verfahren findet statt. Aeacus, der auf dem Richterstuhle sitzt (sella ist der Sitz der vornehmen römischen Beamten, besonders auch der Prätoren), ist Vorstand des Gerichtshofes; er hält gerade nach dem „Cornelischen Gesetz über Meuchelmord" Gerichtstag. Auch weiter folgen lauter Ausdrücke des römischen Rechts: Annahme der Klage (nomen recipere), Einreichen der formellen Klagschrift (subscriptionem edere), Rechtsbeistand (advocatus), Bitte um Frist zur Beschaffung eines Rechtsbeistandes (advocationem postulare), die Klage führen (accusare), Verteidiger (patronus).

Claudius ergeht es in der Unterwelt viel schlechter als beim Gericht im Himmel. Während er dort wenigstens in Herkules und Diespiter zwei fragwürdige Fürsprecher gefunden hatte und erst durch Augustus' Rede seine Verweisung aus dem Himmel erfolgt war, wird er hier vom „höchst gerechten Richter", nachdem dieser — wie einst Claudius auf Erden — nur die Gegenseite angehört hatte, nach dem Gesichtspunkt „Auge um Auge, Zahn um Zahn" verurteilt; so widerfährt ihm das Schicksal, das er anderen so oft bereitete.

§ 3 Vorgeschlagen werden zunächst die Strafen der drei mythischen Unterweltsbüßer: Sisyphus hatte einen immer wieder zurückrollenden Marmorblock auf den Berg zu schleppen; Tantalus mußte, klares Wasser und herrliche Früchte vor Augen, ewig hungern und dürsten und Ixion wurde in der Unterwelt an ein unaufhörlich sich drehendes Rad gebunden. Eine Begnadigung dieser drei Hadesveteranen kommt jedoch nicht in Frage, damit nicht auch Claudius künftig einmal Gleiches für sich erhoffen kann.

§ 4 Die Strafe entspricht der Leidenschaft des Kaisers für das Würfelspiel[1]): er soll immer mit einem Becher würfeln, dem der Boden fehlt — ähnlich wie die Danaiden, die in ein durchbohrtes Faß Wasser einschöpfen müssen; er wird also zu einem Ebenbild der typischen Hadesbüßer. Die Mythentravestie ist bei diesem ewig vergeblichen Würfeln unverkennbar; ihre Richtung ist durch Claudius' allgemein bekannte Spielwut gegeben.

Kapitel 15

§ 1 Die letzte epische Einlage schildert das ewig vergebliche Versuchen des Kaisers, am Schluß mit Sisyphus' Wälzen des Marmorblockes verglichen[2]).

§ 2 Scheinbar ist die Satire mit der Verdammung des Claudius zu ewig vergeblichem Würfelspiel beendet — doch so im allgemein Mythenhaften darf sie nicht schließen; sie bekommt noch einen ausgesprochen römischen Ausklang, in dem sich der persönliche Haß Senecas, seine private Abrechnung mit dem Kaiser äußert, der ihn einst zu langjähriger Verbannung nach der Insel Korsika verurteilt hatte. Auf wenige Zeilen wird das ganze Geschehen zusammengedrängt: Claudius wird seinem Vorgänger, Kaiser Caligula, der ihn zu Lebzeiten übel behandelt hatte[3]), zu neuer entwürdigender Behand-

---

[1] s. Kap. 12, § 3, am Ende des Trauerlieds; Sueton Claudius 33.

[2] Die Mühen der Hadesbüßer werden gern in der Dichtung dargestellt, zuerst in Homers Odyssee XI 582 ff. die Tantalusqualen.

[3] Sueton Caligula 23; seinen Onkel Claudius ließ Caligula nur am Leben, um seinen Spott mit ihm treiben zu können, Sueton Claudius 8.

lung als Sklave zugesprochen. Der schenkt ihn verächtlich an den Totenrichter Aeacus weiter, und der gibt ihn an seinen Freigelassenen Menander
zu ewiger Dienstleistung als Gerichtsbüttel bei Untersuchungssachen ab —
so muß er in primitiver Stellung seiner blöden Gerichtsleidenschaft weiter
frönen und bleibt der Sklave eines Freigelassenen, wie er auf Erden das Werk-
zeug in der Hand solcher Leute war; „darin gipfelt Senecas persönliche
Rache; dieser letzte Hieb auf den toten Gegner ist die Quittung für
Korsika[1]“.

Wer ist Menander? Wohl kaum der große attische Komödiendichter, dessen
Stücke freilich auch wegen ihrer Rechtsstreitigkeiten berühmt waren, sondern, wie man neuerdings vermutet[2]), ein den Zeitgenossen Senecas bekann-
ter Freigelassener des Kaisers Caligula. —

Mit diesem kurzen Nachspiel ist die Satire zu Ende[3]).

---

[1]   Weinreich, Senecas Apokolokyntosis, S. 131.
[2]   Marx, Kleine Schulausgabe von Senecas Apokolokyntosis mit kurzem
      Kommentar, S. 21.
[3]   Weinreich, a. a. O. S. 131 ff., hat die künstlerischen und kompositions-
      technischen Gründe des Nachspiels und den klaren Aufbau der Satire nach-
      gewiesen; es ging also nicht, wie man früher glaubte, ein letztes Blatt der
      Handschrift verloren.

B. = Buecheler

Seite 8, Z. 4 spargebat / B. carpebat.

„   10, Z. 11 ne / B. nec.

„   12, Z. 19 fecit / B. fecit illud.

„   12, Z. 22 χαίϱοντες, εὐφημοῦτες / B. χαίϱοντας, εὐφη-
μοῦντας

„   14, Z. 3 excidant quae memoriae / B. excidant memoriae quae.

„   16, Z. 7 Planci / B. Marci.

„   16, Z. 13 perpetuarius Lugudunensis / B. perpetuarius [Lugudunenses].

„   16, Z. 17/19 Interpunktion! B. intellegebat, iubebat.
solebat,

„   20, Z. 3 celebravit Saturnalicius / B. celebravit, Saturnalicius.

„   20, Z. 13 faciant / B. faciat.

„   20, Z. 21 morantibus sententiam dicere non licere /
B. morantibus senatoribus non licere sententiam dicere.

„   24, Z. 7 sententiae suo loco / B. sententiae suae loco.

„   24, Z. 24 B. si soror mea [Graece] (überliefert ist: sormea).

„   26, Z. 10 B. Punkt hinter inquis.

„   26, Z. 16 assarios quidem / B. Tristionias, Assario-
nem.

„   28, Z. 16 aeneatorum / B. aenatorum.

„   28, Z. 27 naenia / B. nenia.

„   30, Z. 19 saepe et neutra / B. saepe ne utra.

„   30, Z. 31 B. deorum [nuntius].

„   32, Z. 2 Viam Tectam / bei B. klein geschrieben.

„   34, Z. 30 diu / B. satis diu.

„   36, Z. 6 spes / B. speciem.

„   36, Z. 12 lusuro / B. fusuro.

„   36, Z. 18 B. [illum].

W. H. Alexander: Footnotes for a literary portrait of Augustus, Transact. of the Royal Soc. of Canada XLIII Sect. II 1949, 13 ff.

C. Barwick: Senecas Apokolokyntosis in zweiter Ausgabe, Rhein. Mus. 92, 2 (1943), 159 ff.

E. Bickel: Der Schluß der Apocolocyntosis, Philol. 77 (N.F. 31) (1921) 219 ff.

Th. Birt: Seneca. Preuß. Jahrb. 144 (1911); vgl. Aus dem Leben der Antike ²Leipzig 1919, 165 ff.

F. Bornmann: Ἀποκολοκύντωσις, La Parola del Passato 1950, 69 f.

F. Buecheler: Text mit Einleitung und Kommentar, Symbola philologorum Bonnensium, Leipzig 1864/67; Abdruck in Buechelers Kl. Schriften I 439 ff.
Text in Buecheler-Heraeus, Petronii Saturae, Berlin ⁶1922.

A. P. Ball: The satire of Seneca on the Apotheosis of Claudius commonly called the ἀποκολοκύντωσις, New York 1902 (Einleitung, Text, englische Übersetzung, Kommentar; dazu ausführl. Literaturverzeichnis).

H. Dahlmann: Seneca und Rom. Das neue Bild der Antike II 296 ff., Leipzig 1942.

L. Deroy: Que signifie le titre de l'Apocoloquintose? Rev. d'études latines X (1951), 311 ff.

Diels: Himmel- und Höllenfahrten von Homer bis Dante, N. Jahrb. 49, 122, 239 ff.

C. Gallo: L'Apocolocintosi di Seneca. Saggio critico. Arona Paideia 1948.

F. Giancotto: Il posto della biografia nella problematica senechiana I: Dall' esilio al ludus de morte Claudii, RAL 8 VIII (1953) 52 ff.

P. Grimal: Sénèque, sa vie, son oeuvre, sa philosophie, Paris 1948.

Hartmann: De ludo de morte Claudii, Mnemosyne N.S. 44 (1916) 295 ff.

R. Heinze: Zu Senecas Apocolocyntosis, Hermes 61 (1926) 49 ff.

R. Helm: Lukian und Menipp, Leipzig 1906.

L. Herrmann: Le dieu inconnu du chapitre VIII de la Satire sur l'apothéose de Claude, Rev. d'études latines X (1951) 25 f.

E. Howald: Die Weltanschauung Senecas, Neue Jahrb. 1915, 353 ff.

U. Knoche: Die römische Satire, Berlin 1949.

U. Knoche: Der Philosoph Seneca, Frankfurt 1933.

A. Kurfeß: Zu Senecas Apocolocyntosis, Philol. Woch. 44 (1924) 1308 ff.; 48 (1928) 316 ff.; 51 (1931) 1532 ff.

C. Marchesi: Seneca, Messina 1938.

B. M. Marti: Senecas Apocolocyntosis and Octavia, a diptych, AJPh LXXIII (1952) 24 ff.

J. M. K. Martin: Seneca the satirist, Greece and Rome XIV (1945) 64 ff.

A. Marx: Senecas Apokolokyntosis, kleine Textausg. m. kurzen Anmerkungen f. d. Schulgebrauch, Karlsruhe 1922².

A. Mesk: Senecas Apokolokyntosis und Hercules furens, Philol. 71 (N.F. 25) (1912) 361 ff.

G. Pasquali: Apocolocyntosis II, 1, La Parola del Passato 1949, 47 f.

J. H. Quincey: Claudius the Gourd, Résumé dans Class. Assoc. of New South Wales Proceed. 1950—1951, 13 f.

R. Ravach: La satire latine sur l'apothéose de l'empereur Claude, Diss. Löwen 1948.

O. Regenbogen: Seneca als Denker römischer Willenshaltung, Die Antike 12 (1936) 107 ff.

O. Regenbogen: Schmerz und Tod in den Tragödien Senecas, Leipzig 1930.

A. Ronconi: Apokolokyntosis, testo rived. e trad. a cura di A. Ronconi, Milano 1947.

A. Rostagni: Apokolokyntosis del divo Claudio, testo e versione di A. Rostagni, Torino 1944.

C. F. Russo: Studi sulla Divi Claudii *'Αποκολοκύντωσις*, La Parola del Passato I 1946, 241 ff.

C. F. Russo: Glosse in librum de ludo Claudii Annei Senece, La Parola del Passato VII 1952, 48 ff.

C. F. Russo: L. Annaei Senecae Divi Claudii *'Αποκολοκύντωσις*, Introduzione, testo critico et commento con traduzione e indici a cura di C. F. Russo, Firenze 1955².

W. Schumacher: Seneca, Mächtiger als das Schicksal, ein Brevier. Auswahl aus Senecas Prosaschriften in deutscher Übersetzung, dazu ausführl. Einführung.

W. B. Sedgwick: The Cena Trimalchionis of Petronius, together with Seneca's Apocolocyntosis and a selection of Pompeian inscriptions, by W. B. Sedgwick, Oxford 1950².

M. Timpanaro Cardini: *'Αποκολοκύντωσις* i. e. *ἀποθέωσις*, Paideia III (1948), 272 f.

V. Ussani: Sul Ludus de morte Claudi, Riv. di filol. class. 41 (1913) 74 ff.

R. Waltz: La vie politique de Sénèque, Paris 1909; vgl. Historische Zeitschrift 104, S. 605.

R. Waltz: L'Apocoloquintose du divin Claude, Texte etabli et traduit par R. Waltz, Paris 1934.

H. Weber: De Senecae philosophi dicendi genere Bioneo, Diss. Marburg 1895.

O. Weinreich: Senecas Apocolocyntosis, Die Satire auf Tod, Himmel- und Höllenfahrt des Kaisers Claudius, Einführung, Analyse und Untersuchungen, Übersetzung, Berlin 1923.

O. Weinreich: Römische Satiren. Ennius, Lucilius, Varro, Horaz, Persius, Juvenal, Seneca, Petronius, übertr. v. O. Weinreich, Zürich 1949.

Erste deutsche Übersetzung von Gröninger, Münster 1798

NACHWORT

Unserem lateinischen Text liegt die Fassung von Franz Buecheler[1]) zugrunde, der im Jahre 1863 die erste kritische, auch heute noch grundlegende Ausgabe mit Einleitung und Kommentar schuf; Abweichungen (meist im Anschluß an die kleine, für den Schulgebrauch herausgegebene Ausgabe von A. Marx) sind in unserem Abschnitt „Zur Textgestaltung" vermerkt. Die deutsche Übersetzung wurde neu geschaffen; von früheren Übersetzungen sah ich dabei vor allem die von Otto Weinreich ein, die die anderen weit übertrifft und aus der ich manches dankbar verwerten konnte, was mir besonders gelungen schien. Die dem Text angefügten Erläuterungen sollen alle Stellen deuten, die nicht ohne weiteres begreiflich sind; zugleich suchen sie den Aufbau zu klären und durch gelegentliche Analyse das Verständnis für das feine Kunstwerk Senecas nach Möglichkeit zu fördern. Auch hier war mir neben Buechelers Anmerkungen die ausgezeichnete Interpretation von Otto Weinreich wertvoll, der ich zu besonderem Danke verpflichtet bin. Um die Satire in ihrer Eigenart und ihrer besonderen Kunstform verständlich zu machen und sie in das wechselvolle Leben ihres Autors einzuordnen, fügte ich eine Einleitung über Seneca und seine Satire hinzu; hier durfte ich das verwerten, was ich aus den Aufsätzen von Theodor Birt, Hellfried Dahlmann, Ulrich Knoche, Wolfgang Schumacher, Otto Weinreich u. a. gelernt hatte. In freundlicher Mitarbeit hat sich Dr. Max Faltner (München) um das Büchlein bemüht; ich danke ihm herzlich dafür, daß er das Literaturverzeichnis neu hergestellt und die Korrektur des Druckes mit großer Sorgfalt überwacht hat.

Dr. Wilhelm Schöne

---

[1] Nähere Angaben in der Zusammenstellung der Literatur (S. 72).

HORAZ · SÄMTLICHE WERKE

Lateinisch-deutsch. edd. Burger-Färber-Schöne
664 Seiten · Dünndruck · Leinen · DM 16.50

ODEN · EPODEN · SATIREN · BRIEFE
nun in einem Tusculumband vereinigt.

Herbst 1957